SONHOS E RESISTÊNCIAS

AUTONOMIA
LITERÁRIA

Coordenação: Cauê Ameni, Hugo Albuquerque, Manuela Beloni
Revisão de Texto: Amauri Gonzo e Aloe Rosa de Sousa
Diagramação: Manuela Beloni
Capa: Rodrigo Côrrea/studiocisma
Fotografias: MTST
Fotografia de contra-capa: Leandro Paiva

Dados Internacionais de Catalogação na Publicação (CIP)
(eDOC BRASIL, Belo Horizonte/MG)

S586s

Silva, Hélio Alexandre da.
Sonhos e resistências: MTST e os testemunhos da luta popular urbana / Hélio Alexandre da Silva. – São Paulo, SP: Autonomia Literária, 2023.
14 x 21 cm

ISBN 978-65-87233-92-5

1. Movimento dos Trabalhadores Sem Teto (Brasil). 2. Movimentos sociais – Brasil. 3. Pessoas desabrigadas – Brasil – Atividades políticas. 4. Política habitacional – Brasil. I. Título.
CDD 305.569

Elaborado por Maurício Amormino Júnior – CRB6/2422

Autonomia Literária
Rua Conselheiro Ramalho, 945
CEP: 01325-001 São Paulo – SP
autonomialiteraria.com.br

Hélio Alexandre da Silva

SONHOS E RESISTÊNCIAS
MTST e os testemunhos da luta popular urbana

2023

Autonomia Literária

SUMÁRIO

Dedicado à memória
de Luciana Ferreira

Agradecimentos

Tudo que o Movimento dos Trabalhadores Sem-Teto (MTST) realiza é fruto de um trabalho coletivo, e este livro não constitui uma exceção. Por isso é preciso reconhecer e agradecer à militância, aos Setores e Coordenações estaduais e nacionais que, há vinte e cinco anos, trabalham para construir essa história. A capacidade de organizar o povo mais pobre das periferias com humanidade, sensibilidade e solidariedade é uma forma de explicar a riqueza presente na construção das experiências de luta que estão relatadas aqui.

Os depoimentos que compõem este livro são frutos de entrevistas semiestruturadas realizadas entre setembro de 2021 e março de 2022. Nestes relatos encontraremos exemplos das lutas, resistências e desafios cotidianos acumulados em duas décadas e meia de MTST. Para chegar até cada pessoa entrevistada, nas cinco regiões do país, foi preciso contar com a disponibilidade e generosidade de muita gente: Josué, Simões, Iza, Rud, Vitória, Jairo, Eduardo, Danilo, Adrian, Edu, Juanita e Juliana facilitaram os encontros com as pessoas entrevistadas. Sem o árduo trabalho de transcrição das entrevistas não teria sido possível a realização deste livro, por isso deve-se um agradecimento especial à *Juventude Fogo no Pavio* pela dedicação, empenho e compromisso com os prazos. Agradeço à Zoe e Luísa por ajudarem a reunir as imagens e a escolher, entre muitas, aquelas que aqui representam o MTST em cada Estado.

O resultado final desse trabalho, que agora aparece em livro, não teria sido possível sem o esforço conjunto de uma equipe extremamente generosa. Por isso agradeço à Gabi, pela imprescindível dedicação, organização e sensibilidade com o texto; ao Otto, pelo olhar atento e pela capacidade de transformar ideias em imagens; e ao Ton, pela incansável vigília e cuidado com os anseios do povo. Por fim, agradeço o enorme carinho e a atenção com que todas as pessoas entrevistadas acolheram cada pedido de entrevista e se dispuseram a concedê-las. Vocês são a parte essencial e mais importante desse trabalho.

As virtudes que podem ser encontradas aqui devem ser compartilhadas com todas as pessoas que, direta ou indiretamente, ajudaram a construir esse texto. No entanto, a responsabilidade pelo conteúdo final e pelos equívocos são de minha total responsabilidade.

Prefácio

Dizer que na vivência cotidiana de um movimento social a gente aprende mais do que ensina, pode soar como uma banalidade, mas é uma forma de descrever boa parte, talvez a mais importante, das experiências que tenho vivido no dia a dia do MTST. Ser parte de um movimento social com as características do Movimento dos Trabalhadores Sem-Teto significa trazer sua bagagem e misturá-la com outros conhecimentos, experiências e formas de lidar com a realidade que marca as periferias brasileiras. No mais das vezes, o resultado disso é um enriquecimento político e cultural conjunto, fruto de elaboração coletiva que desafia antigas certezas e abre novos horizontes. Esse processo pode ocorrer em diferentes etapas e situações, mas um dos momentos mais marcantes para isso é o da escuta.

Ouvir as angústias, os sonhos e os desafios que marcam o cotidiano das pessoas que constroem suas vidas em um cenário de privação é uma forma de aprender com elas. Nestes vinte e cinco anos de Movimento dos Trabalhadores Sem-Teto eu pude experienciar isso inúmeras vezes. Lembro-me de quando a querida companheira Luciana Ferreira contava sua trajetória, ouvi-la não significava apenas conhecer mais sobre a vida de uma guerreira que se tornou coordenadora estadual do MTST, mas descobrir como a luta social é capaz de transformar a consciência de quem dela participa. Quem conheceu Luciana deve se lembrar do orgulho que ela transmitia ao contar como, no dia a dia da luta, ela foi se reconhecendo enquanto mulher negra, periférica e mãe solo. Seus testemunhos não eram transmitidos apenas por intervenções em reuniões, rodas de conversa e momentos de formação, mas também pelo engajamento cotidiano e pelo amor que dedicava aos filhos que ela trazia sempre para as atividades e para os atos. Os exemplos deixados por Luciana são formas de entender como a luta pelo direito básico à moradia, assegurado pela Constituição, é um espaço fértil de promoção da consciência social no interior de uma sociedade profundamente desigual.

A primeira coisa que enxerguei ouvindo a Lu, como ela era carinhosamente chamada, foi, claro, que a luta muda a vida. A disposição para se engajar na luta social, a partir de um movimento social organizado, pode modificar a forma como a gente encara nosso lugar no mundo e como lidamos com as potencialidades e limites dos outros. A segunda coisa, menos óbvia do que a primeira, é que o motor da luta se move principalmente quando está orientado por um sentimento de solidariedade. Nesse momento torna-se claro que as atividades de um movimento social tendem sempre a ultrapassar as simples acomodações de interesses individuais.

Um outro modo de entender o que a Lu nos explicava é que, ao entrar para a luta, ela compreendeu que a conquista da casa só faria sentido se estivesse conectada à superação de outros obstáculos impostos por uma sociedade hostil ao povo periférico. Isso nos permite entender que uma das formas de olhar para a sociedade brasileira é notar que ela não apenas rouba da população mais pobre o acesso aos direitos básicos, mas busca sistematicamente cercear os meios de enfrentar e resistir a esse roubo. Assim, descobrir-se mulher negra e periférica, como ensinava Luciana, significava escancarar as conexões que unem a desigualdade e o preconceito aos interesses de um mercado que vira as costas para a periferia. Isso permite que a luta por moradia possa ser entendida como forma de promover o florescimento da imaginação e a capacidade de invenção de outra sociedade. O exemplo de Luciana é marcante e deixa um legado de luta contra a brutalidade que oprime os mais pobres que, com profunda obstinação, insistem em resistir ao aniquilamento e à invisibilidade social. Por tudo isso, é em nome dessa guerreira que eu gostaria de destacar a memória daquelas pessoas que ajudaram, neste vinte e cinco anos, a empunhar a bandeira do MTST como um dos símbolos da luta popular urbana. A dedicação dessas companheiras e companheiros é o que nos fortalece e dá sentido à luta diária.

Vale ressaltar ainda que, em todos esses anos de construção, resistência e organização do povo que vive nas periferias, o MTST enfrentou enormes desafios e alcançou grandes conquistas. Fruto de um esforço de enfrentamento das desigualdades sedimentadas na sociedade brasileira, o Movimento tem organizado, nessas últimas duas décadas e meia, um conjunto de pessoas vítimas da pobreza e de várias formas de opressão típicas das margens urbanas das grandes cidades brasileiras. É nesse cenário social e político que emerge uma das consequências mais absurdas que se impõem aos que vivem nessas regiões: a necessidade frequente de ter que escolher entre pagar um aluguel ou comprar o que comer. Esse dilema, que é próprio da barbárie sobre a qual nos constituímos enquanto sociedade, é algo frequente entre boa parte das pessoas que encontram no MTST uma forma de se organizar. Assim, a luta pelo direito tão essencial da moradia surge não só como exigência de reconhecimento em uma sociedade que relega a população mais vulnerável à invisibilidade, mas como uma forma de enfrentar um sistema que, em grande medida, se alimenta da pobreza da maior parte da população.

No entanto, se é verdade que o problema da falta de moradia digna para as trabalhadoras e trabalhadores tem sido um dos elementos centrais em torno dos quais o Movimento se organiza, também é verdade que a luta não se esgota nesse que é um dos flagelos mais dramáticos da sociedade brasileira. Um dos esforços mais decisivos nas últimas décadas tem sido conectar as diversas faces da desigualdade social que massacra os mais pobres Brasil afora. Não se pode perder de vista que a luta pela moradia está diretamente ligada às demandas por melhor infraestrutura urbana, melhores serviços de saúde e de transporte, por uma educação pública de qualidade, pelo enfrentamento da violência e da fome, entre tantos outros problemas típicos das periferias. Jamais saiu do horizonte do MTST que a construção de outra sociedade deveria tratar esse conjunto de problemas conectados uns aos outros.

Foi orientado por esse espírito que o Movimento cresceu e se transformou. Abriu-se um caminho para que, pouco a pouco, fosse possível entender que a resistência e os sonhos do povo possuem várias dimensões, sempre atadas aos problemas mais urgentes de cada região do país. Reunir essas dimensões e posicioná-las na direção do fortalecimento da luta é, para o MTST, um de seus maiores compromissos. É nesse sentido que a organização dos territórios se articula com o cuidado com a saúde das pessoas; com a luta pela promoção da arte e da cultura popular; com momentos de formação política voltados para a reflexão mais cuidadosa sobre a origem dos problemas que enfrentamos e as melhores formas de superá-los; com a comunicação que faz chegar mais longe nossos sonhos e fortalece nossas demandas; com o papel das leis e do ordenamento jurídico; com o cuidado com a alimentação saudável e acessível entre tantas outras dimensões que constituem e enriquecem a vida cotidiana do Movimento. Ao longo de sua existência, o MTST tem sido capaz de entender, a partir de inquietações, debates, conflitos e uma energia militante pulsante e aguerrida, que a luta social pode ser, ao mesmo tempo, diversa e radical. Mais que isso: é o acúmulo de experiências produzidas pela articulação de cada uma dessas dimensões que tem feito o MTST crescer em força, tamanho e esperança. O conjunto de vivências periféricas organizadas em um projeto comum é o que alimenta a força viva e inventiva das pessoas que compõem o Movimento e se movem com ele.

Assim, com o olhar voltado para a riqueza das experiências produzidas ao longo dessas décadas, foi que surgiu o projeto deste livro. Trata-se aqui de contar um pouco da história do MTST a partir da reunião de testemunhos de pessoas espalhadas por todo o Brasil que ajudaram a dar concretude a essa narrativa. Embora os sofrimentos cotidianos e a luta diária sejam, por si mesmos, formas de expor os motivos pelos quais é preciso se organizar, não é menor a necessidade de apresentar algumas vozes que constroem o dia a dia do Movimento. É por isso que faz sentido ouvir, dos próprios guerreiros e guerreiras que vieram para o MTST em busca do sonho de uma moradia digna, alguns testemunhos que ajudam a compreender o que significa participar da construção de uma luta cheia de desafios e estigmas. É preciso dar notícia do tanto de coragem, de dignidade e de sonhos com que se constrói a luta social, sem esconder que as angústias, dúvidas e medos existem, mas que a esperança forjada na aspereza da luta serve de combustível nessa marcha coletiva. O livro está organizado a partir de quatro eixos temáticos, distribuídos em quatro capítulos, que são fruto de entrevistas realizadas entre os meses de setembro de 2021 e março de 2022, com militantes do MTST de todas as regiões do país.

O primeiro capítulo reúne trechos em que as entrevistadas e entrevistados relatam os caminhos percorridos nos momentos iniciais de aproximação com o Movimento. Em outras palavras, trata-se de apresentar os elementos mais decisivos, de acordo com cada pessoa entrevistada, que pavimentam os caminhos que unem o Movimento ao povo das periferias das grandes cidades brasileiras. O segundo capítulo traz depoimentos que mostram que a luta do MTST se alimenta também de uma relação estreita e respeitosa com a religiosidade. A diversidade das formas de manifestação das crenças e de profissões de fé disseminadas nas periferias é uma dimensão central da luta, e o MTST enxerga nessa diversidade um ponto de fortalecimento da organização territorial e da construção de experiências políticas comuns. O terceiro capítulo traz exemplos de atos, manifestações e ações de impacto que mais marcaram a trajetória de cada pessoa entrevistada. Nesse momento, exemplos de violência e brutalidade por parte das forças de segurança, estatais ou privadas, se misturam às sensações de que o povo organizado sente-se mais forte e mais capaz de combater a invisibilidade política e o sofrimento de que são vítimas. Ainda que os conflitos, as dores e a aridez produzidas por uma estrutura social dramaticamente desigual seja uma questão constante dentro de uma organização como a nossa, a esperança em um novo mundo está sempre presente. É disso que trata o quarto e último capítulo. Nele estão reunidos testemunhos das expectativas e dos sonhos que ajudam a superar os obstáculos, resistir às opressões e alimentar as esperanças que, reunidas em um movimento social, ajudam a contar a história desses vinte e cinco anos de luta popular urbana. Finalmente, há um posfácio, escrito por mãos que representam a luta das mulheres do MTST, que retoma alguns fios temáticos do livro e aponta desafios para o futuro.

Às leitoras e leitores caberá procurar, na polifonia dos relatos aqui apresentados, um pouco da nossa história e da história da luta do povo pobre e periférico que o MTST ajuda a construir, na condição de herdeiro das lutas sociais que marcam um capítulo singular da história do nosso país.

Guilherme Boulos

1. O bichinho da lona preta

> Quando estou na cidade tenho a impressão que estou na sala de visita com seus lustres de cristais, seus tapetes de viludos, almofadas de sitim. E quando estou na favela tenho a impressão que sou um objeto fora de uso, digno de estar num quarto de despejo.[...] Começo a revoltar. E a minha revolta é justa. [...] Se a maioria revoltar-se, o que pode fazer a minoria? Eu estou ao lado do pobre, que é o braço. Braço desnutrido. Precisamos livrar o paiz dos políticos açambarcadores.
>
> *Carolina Maria de Jesus*

As diferentes formas de opressão que compõem o dia a dia dos moradores das periferias das grandes cidades brasileiras tendem a ser, pouco a pouco, experienciadas com normalidade. A morte de uma pessoa pela truculência policial ou pelo crime organizado, a falta de um emprego que ofereça salário capaz de satisfazer as necessidades mais fundamentais, a falta de opções de lazer, cultura e educação acabam somando-se para produzir um quadro dramático de privação e sofrimento. Porém, o lado mais brutal desse cenário é que a repetição de violências dessa natureza faz com que elas sejam assimiladas e normalizadas como fatos cotidianos e comuns. Essa tendência à naturalização dos sofrimentos pode produzir, como efeito político, o enfraquecimento de possíveis revoltas contra uma dinâmica social que é fruto do acúmulo de injustiças históricas produzidas por projetos políticos cínicos e socialmente inconsequentes. Mas sempre há formas de resistência e de revolta que insistem em não normalizar a barbárie e não aceitar passivamente o inaceitável. É nesse momento que movimentos sociais, como o MTST, surgem como meio de fortalecer a luta e transformar o desespero e o sofrimento difuso em esperança e resistência organizada. A construção de novas raízes, o combate às opressões, a partilha de novas esperanças e o aprendizado construído na luta ajudam a organizar a revolta, transformar o presente e tecer um novo horizonte. Os depoimentos que compõem este capítulo são fragmentos de histórias pessoais que ilustram momentos dessa transformação, que tem no MTST um ponto de partida decisivo.

Tudo tem um começo

Simone - MTST/SP

Eu saí de São João do Oriente, zona da mata de Minas Gerais, onde morava numa casa de herança do meu avô com minha mãe, que teve cinco filhos e já tinha mais três adotivos. Vim para São Paulo em 1997 com o objetivo de dar uma moradia digna para os meus pais e meus irmãos. No final deste ano conheci meu companheiro, eu estava desempregada e passando dificuldades.

O meu primo ficou sabendo de uma ocupação, pegou um quartinho e eu fui ficar com ele. Era um posto de saúde que estava ocioso há mais de 20 anos, onde as famílias que não tinham condição de pagar aluguel entraram e passaram a morar lá. Nesse espaço, com várias salinhas, cada família morava em uma e usava um banheiro coletivo. Era isso, um prédio de dois andares que existe até hoje.

Alguns anos depois, em 2005, no mesmo período em que o MTST estava fazendo uma ocupação em São Paulo na divisa do Campo Limpo com Taboão da Serra, o Chico Mendes I, chegou uma ordem de despejo na nossa ocupação e todos entraram em pânico: "E agora?! Todo mundo vai ter que sair daqui". Ninguém sabia de nada, de nenhum tipo de direito, éramos extremamente leigos. Uma mulher de uma das famílias da ocupação ficou sabendo do MTST e propôs que fôssemos na assembleia deles em busca de ajuda.

A ocupação Chico Mendes I[1] tinha em torno de uns 15 dias e era muito diferente de onde eu morava, os barracos de lona no local eram novidades que causaram estranhamento. Eu já tinha visto as pessoas morarem assim em barraco de lona, mas de onde eu venho só cigano né? Conheci o Guilherme [Boulos], Zezito, Ciça Maria e Silverio de Jesus. Conversamos, explicamos a situação e eles falaram assim: "olha, se vocês quiserem a gente vai lá para orientar as pessoas [...]. Reúna todo mundo que a gente explica, discute a reintegração de posse, o lance do despejo, se a gente se unir vai ter jeito". Voltamos e marcamos a tal assembleia. No outro dia vieram Silvério, Zezito e Guilherme, reuniram o povo e explicaram a situação. Para encurtar a história, tem pessoas daquela ocupação, que estavam lá, e hoje moram no João Cândido[2]. A partir daí começou a minha relação com o Movimento e desde então o MTST faz parte da minha vida.

Claudinha - MTST/SP

Eu vivia em Suzano em 2012. Por não ter condições de pagar aluguel, fui morar na casa do meu padrasto, que estava internado. E em julho de 2013, no meio daquela convulsão social, que

---

[1] Essa ocupação foi construída na cidade de Taboão da Serra, na Grande São Paulo, em 2005.

[2] Condomínio financiado pelo Programa *Minha Casa, Minha Vida* (PMCMV) na modalidade *Entidades* que foi entregue em 2015. Esta modalidade do PMCMV previa que a construção dos prédios seria financiada pelo programa, mas conduzida por movimentos sociais e não por empreiteiras e incorporadoras.

eu acompanhava pela internet, ele pediu a casa de volta. Nesse mesmo mês, minha prima, que morava do lado do SESC Itaquera, sugeriu que eu alugasse a casa do tio de seu companheiro. Fui, gostei do lugar, ficava próximo ao terreno da "Copa do Povo"[3]. Eu passava sempre em frente e cobiçava aquela terra, pensava que, se tivesse coragem, construiria dois cômodos, um banheiro e sairia do aluguel, mas como eu faria isso sozinha? Não seria possível. "Sozinha não dá, sozinha eles me tiram rapidinho, né?! Se mais alguém quisesse fazer eu entrava de cabeça, olha o tamanhãozão dessa terra".

No dia 2 de maio de 2014, o MTST ocupou o local. E tipo assim, eu sabia de tudo que acontecia: pegava fogo, eu ligava pro bombeiro, entrava gente pra jogar lixo, eu metia a boca no pessoal. Eu morava no segundo andar de uma casa, e na frente dava direto pro G5[4]. Da janela, vi uma pessoa transitando no terreno [...]. A primeira pessoa que eu avistei foi a Laura, que é do ABC, e falei assim: "Meu Deus! O que tão fazendo, o que é aquele bambu, aquela lona no "meu" terreno?". O dono da casa, senhor Davi, subiu a escada e veio trazer as boas novas: "Ó, quem tá ali é o MTST e eles fazem luta por moradia, estão falando lá que é pela moradia e como você não tem casa eu vim falar aqui pra você ir lá ver". Respondi: "Tá bom, vou sim". Naquele dia, no sábado, eu tinha um compromisso e não fui. Depois um rapaz passou e me pegou lá em casa, passou de frente o terreno e falou: "Cê viu?", e eu falei: "É, né?! Essa gentarada toda, com essas lonas", mas por dentro eu estava: "Ah, mas eu vou aí, ama-

---

3 Ocupação do MTST de São Paulo que ficava próxima à Arena Corinthians (Itaquerão), estádio que foi palco da abertura da Copa do Mundo de 2014.

4 As ocupações do MTST adotam uma forma de disposição territorial que, para melhor organizar as tarefas cotidianas, reúne grupos de barracos que são tradicionalmente chamados de G's.

nhã eu tô aí". [...] Fui no domingo assistir a assembleia, era a Natália que estava tocando. O primeiro contato foi revelador, senti uma seriedade tão grande naquelas palavras, uma forma de falar de política que a gente entendia. Aí eu quis voltar.

Clayton - MTST/SP

Ouvi falar do MTST pela primeira vez no dia 10 de outubro de 2013. Minha mãe contou aos meus irmãos que passou na frente de uma ocupação no Parque Ipê, orientou que eles fossem lá entender o processo para participar, ela disse: "vai lá, vê se vocês conseguem fazer um barraco, assim vão cuidar da vida de vocês...". E eu estava morando de aluguel, ouvi e fiquei na minha. Meus irmãos foram, e no dia 14 de outubro, eu fui para Dona Déda, uma ocupação do MTST aqui na rua Oscar Campiglia, no Parque Ipê, zona sul de São Paulo. Foi quando eu conheci o MTST. Acompanhei a assembleia que tinha ali, com muita gente presente. Nesse dia quem estava fazendo a assembleia era a Cida, o Guilherme e a companheira Natália. Ouvi as colocações do Movimento, me interessei e falei: "caramba, o negócio é sério mesmo, vou me aprofundar mais". [...]

O que mais me marcou no Dona Déda é que eu entrei no escuro ali. A ocupação ficava em uma avenida perigosa, uma rota que liga a estrada do Campo Limpo que tem dois lados: o que vai no sentido de Francisco Morato e o outro que interliga com a estrada de Itapecerica, e a Oscar Campiglio os conecta, então era rota de fuga pros caras. Presenciamos muitas cenas ali, de assalto, de caras passando de moto correndo, dando tiro pra cima. Isso assustava os nossos acampados, e algumas vezes eu fazia trilha[5] sozinho no Dona Déda. Às vezes eu passava para o

[5] A trilha é feita todas as noites por um grupo de pessoas, moradoras da ocupação, que passa a noite em claro para garantir que as pessoas possam dormir com alguma tranquilidade e segurança.

outro lado da rua, porque do outro lado eu via toda a ocupação. Marcou pra caramba isso, assumir essa responsabilidade, se expor, porque eu estava expondo a minha vida. Me lembro de um rapaz que fazia parte da luta também e foi morto a 50m da ocupação porque foi tentar roubar um carro do Sedex, morreu com um tiro de 12 na cabeça. Era bastante complicado ali, assustador mesmo, por conta da rota de fuga.

Luciana - MTST/SP

Ouvi falar do MTST pela primeira vez pela internet. [...] Vi uma entrevista do Guilherme Boulos, comecei a seguir a página do Movimento e depois vi uma revista falando mal do MTST. Era um jornalista falando que nos barracos não moravam gente, aquilo causou uma confusão no meu pensamento, porque eu entendia que o que ele [Boulos] estava fazendo era certo, lutar por moradia para quem precisa, mas eu não entendia a simbologia de uma ocupação até eu precisar chegar em uma. Naquela época eu estava sozinha, separada, e surgiu uma mulher na minha casa precisando de moradia. Ela estava grávida, tinha uma filha pequena e eu falei pra ela: "ó, você precisa seguir esse povo aí, porque eu já tive a experiência, minha família foi da favela e conseguiu a moradia, minha avó conseguiu moradia no projeto da Erundina por ocupação, por morar em barraca". E ela foi morar na ocupação, mas logo eles foram despejados e ela me disse: "você precisa ir lá ajudar a organizar o povo". Na época eu passava por um processo de depressão muito grande, não conseguia sair de casa, mas consegui ir. Cheguei lá e ensinei o pessoal de acordo com o que eu vi na internet. Eram vinte famílias e vieram mais setecentas, massificou demais a ocupação. Comecei a organizar, mas eu vi que eu não conseguia sozinha. Eu tentava copiar o MTST, mas eu precisava de ajuda, era a época que o MTST estava fazendo a Copa do Povo e eu acompanhava tudo pela internet. Fomos lá, falei com a Tia Helena, a Dona Helena que hoje mora no João Cândido, e ela falou que passaria a situação para a organização regional, se fosse aprovado, eu seria procurada. Alguns dias depois eu estava fazendo assembleia, que eu fazia no meio da rua, e recebi uma ligação do Josué do MTST, dizendo que queria fazer uma visita. Eu expliquei pra ele onde estávamos e ele veio. Quando viu aquela multidão, ele falou pra mim: "olha, nós vamos brigar com vocês".

Na época, fomos na Secretaria de Habitação e prometeram pesquisar o terreno pra gente, fazer toda sondagem do terreno que indicamos. No final, informaram que naquele local não poderia ser porque já tinha o projeto do CEU[6], que hoje já está construído e funcionando. Por isso desocupamos e saímos de lá, com a incerteza do terreno, e fomos absorvidos na demanda da Copa do Povo. A coordenação que a gente tirou hoje atua e faz luta pela Copa do Povo. Eu cheguei no MTST tocando [ocupação], foi uma coisa que o Josué admirou, ele perguntou: "de onde você vem?". Eu vi meu pai e minha mãe frequentando movimento social, eu vi meu pai e minha mãe frequentando movimento contra carestia, movimento panela vazia. Eu via meu pai e minha mãe frequentando as comunidades eclesiais de base, então isso serviu de exemplo pra mim, tanto que eu consegui essa casa aqui lutando também. Eu participava de reuniões, de formações e quando eu entrei no MTST, não fui sem saber de nada, né? Eu sabia que tinha que organizar, eu não organizei por G, mas eu organizei por cor, por exemplo, verde eram casais, laranja era quem tinha um filho, azul era quem tinha mais de um filho... Era assim. Depois que passamos a fazer parte do MTST passamos a adotar a organização por Gs.

---

[6] Os CEU's (Centros Educacionais Unificados) são espaços públicos construídos nas áreas periféricas da Grande São Paulo e têm como objetivo fomentar atividades voltadas para educação e cultura.

Márcia - MTST/MG

Eu estou no MTST há três anos e meio. A ocupação Vitória[7] sofreu muitas atrocidades no início da pandemia, vinha sofrendo antes, mas no início da pandemia foi mais intenso e me tocou muito pelo fato de a gente estar passando por um período de insegurança, de incerteza. A gente não sabia o que aconteceria com o mundo, eu não sabia que vírus era esse, porque matava tanto, por que matava uns e outros não, causou um desespero muito grande. Eu sofri muito porque eu presenciei várias derrubadas [ações de reintegração de posse] da prefeitura e crueldades quando vinham e arrancavam batata doce do chão, passava a máquina em cima de horta, de alface, de couve, de pé de banana com cacho, arrancava cerca, e eu me sentia inútil, não podia fazer nada. Ali eu só segurava os moradores para que não fossem presos, porque além de estarem perdendo as coisas deles, poderiam ser presos se falassem alguma coisa, mesmo assim alguns se revoltaram. A única coisa que eu tinha condições de fazer era abraçar as pessoas e dizer: "calma, a gente vai resolver, vai ter uma solução". Passei vários meses fazendo isso. Com a chegada do MTST e esse apoio político, eu fui me inteirando das coisas. Eu não sou advogada, mas hoje eu sei que se eles chegarem aqui pra derrubar um barraco eu devo perguntar: "você tem uma ordem judicial? Se não tem, você não vai derrubar!". A formação que eu tive dentro do MTST livrou a gente de muitas atrocidades. Na primeira semana a gente já sentiu, porque eles chegaram pra derrubar, eu liguei pro Jairo imediatamente: "vai derrubar!", ele disse: "não deixa, chama a comunidade, vai pra frente do trator e não aceita que está errado, se não tiver uma ordem judicial está errado!". E assim eu fiz. Convoquei toda comunidade, a gente foi pra cima. Quase destruíram uma pilha de dois mil tijolos que o pessoal usaria para construir um

---

7 Localizada na cidade de Diamantina/MG.

barraco. Na segunda vez que tentaram, eu estava em cima, e quando os moradores viram aquilo, partiram pra cima também e ficaram todos do meu lado, fazendo esse enfrentamento com a polícia, com a guarda municipal, conseguindo fazer com que eles parassem. Isso por quê? Porque eu já tinha conhecimento do MTST, a gente já tinha pegado algumas informações com o Jairo e conversado. Então, foi muito bom a chegada do MTST dentro da ocupação. Hoje somos respeitados, tanto pela polícia, quanto pela guarda municipal, pelo poder público, o Ministério Público também respeita pelo fato de a gente ter uma bandeira hoje, eu acho que eles sabem que a gente não está sozinho agora.

Edvane - MTST/SP

A primeira vez que entrei em uma ocupação foi no dia 5 de maio de 2018. A Ocupação Marielle Franco[8] aconteceu no dia 28 de abril. Os meninos que trabalhavam com meu irmão comentaram que foram lá, montaram os barracos deles e começaram a encher os pacovás da minha irmã: "vai lá mãe, é diferente". E eu dizia: "que diferente?! Vocês estão invadindo realmente o que é dos outros, vocês vão apanhar lá!" Mas fui lá, vi aquela muvuca, aquela correria para cima e para baixo; o povo subindo com as madeiras lá pra cima do terreno e eu falei: "Samuel, você tem certeza que você vai ficar aí?". Ele disse: "Vou! Eu vou ganhar um apartamento, vou montar minha casa". Alguns minutos depois a Bia chamou o pessoal acampado do G12: "Reunião!" Eu fui e ela começou a falar que tinha que ter uma coordenação no G porque precisava pegar a presença, participar das reuniões de coordenação e ter os informes para saber como falar com os acampados. Fazia pouco tempo que eu tinha saído da lotérica onde eu trabalhava, ainda estava recebendo meu seguro [desemprego], estava tranquila. O Pedro foi o primeiro que falou que

[8] Ocupação que ocorreu no Bairro do Grajaú, Zona Sul de São Paulo.

seria coordenador, mas ele só podia ir à tarde. A Fran falou que dava para ficar de manhã, mas precisava de mais um coordenador. O pessoal olhou para minha cara e eu só me afastei: "eu não posso", mas depois acabei aceitando. A Bia disse que quando fosse acontecer a reunião da coordenação era para todo mundo ir para o barracão que lá teriam alguns informes, aí eu me liguei que era coordenadora. No final do dia a Rosa me disse: "bora menina, vamos descer para reunião de coordenação". Aquilo era difícil porque eu estudava, estava terminando o colegial, faltava um ano para terminar, mas aceitei. O desafio faz a gente continuar, é muito sério quando uma pessoa larga tudo na tua mão e você tem que mostrar que sabe o que deve fazer. A Rosa, que era minha organizadora lá, era assim: entrava na reunião e pau, pau, pedra, pedra. Eu quero tal dia. Pronto! Aí eu comecei a me sentir desafiada e veio a tarefa da trilha que todos os Gs tinham que ter no dia. As tarefas do dia a dia da ocupação foram me encantando. Porque encanta, cara! Quanto mais bonito você vê o G, mais encanta. E aquilo foi me encantando pouco a pouco e eu não larguei mais. O MTST hoje é parte da minha vida. Falo que eu fui mordida pelo bichinho da lona preta.

Janja - MTST/PE

Eu morava num local que vivia alagado e sempre pedia a Deus, a Nossa Senhora, que me tirasse dali, porque a gente não tinha direito de ter nada dentro de casa. As enchentes chegavam e acabavam com tudo que a gente tinha. Então eu vi essa oportunidade de ocupar esse terreno aqui com a minha irmã e uma colega minha. Fizemos os barracos de tijolo em mutirão. Quando começamos a sofrer ameaças, meu cunhado chamou o pessoal do MTST e eu conheci o Movimento.

Quando a gente faz ocupação sem uma organização maior não tem esses negócios de cozinha coletiva, de cozinhar pra todo mundo. Isso foi uma novidade pra mim, distribuir café da manhã, almoço, jantar, fazer atividades coletivas, participar dessas coisas junto com todo mundo, isso eu nunca tinha visto em outras ocupações que participei. No MTST é diferente: "Vamos fazer um mutirão!", e todo mundo ajudava. "Vamos ajudar na construção do barracão!" e a gente participava. Foi tudo novo pra mim, eu nunca tinha participado de uma experiência dessa.

Creuza - MTST/SP

Lembro da primeira ocupação que participei, foi a João Cândido. Conheci o MTST nessa época, através de uma companheira nossa, a Sueli, foi ela que me fez o convite. Disse que eles estavam ocupando esse espaço. Fui lá, fiz o barraquinho, só que assim como acontece com muita gente, comigo não foi diferente, eu não acreditei na luta e acabei desistindo. Antes de saírem do terreno pra ir pra outro local, eu saí. Era pra hoje eu ter meu apartamento no João Cândido. Mas em 2016, a Sueli me fez novamente o convite para ocupação do Capão[9]. Eu fiquei naquela: "vou, não vou", mas no segundo dia eu fui e fiz meu barraquinho, e estou no Movimento até hoje.

Edson - MTST/SP

Meu sobrinho entrou em contato comigo, pediu um apoio, ele estava construindo sozinho um barraco em uma ocupação na Oziel Alves, aqui em Mauá[10], e precisava ser rápido para marcar o espaço dele e eu fui lá ajudar.

Quando você chega no Movimento você acha que é política, que tem algum dinheiro envolvido. E como era meu sobrinho, a minha intenção era buscar informações para ajudar no que ele precisasse. Então eu participei e prestei atenção no

---

[9] Capão Redondo, zona sul de São Paulo.

[10] Região do ABC paulista.

que o pessoal estava dizendo na assembléia sobre os direitos garantidos constitucionalmente, e que as pessoas que não têm acesso a essa informação ficam à margem total da sociedade. Comecei a frequentar mais vezes e fiz um barraco também, comecei a lutar por moradia, estava pensando nas minhas filhas e na época eu estava pagando aluguel. O que mais me marcou foi a organização. Tinha hora pra tudo e o que se prometia era sempre cumprido.

Andreia - MTST/SP

Lembro com clareza a primeira vez que ouvi falar do MTST, eu não vou esquecer nunca, é até emocionante. Foi em uma reportagem dizendo que o MTST havia ocupado o terreno onde seria construído o estádio do Corinthians, aquela coisa toda de Copa do Mundo, aquela polêmica do Ronaldo dizendo que não se faz Copa do mundo com hospital. Eu pensei muito nisso, e me marcou a imagem de um senhor negro com o cabelo grisalho, demonstrando uma certa idade, todo suado, batendo aquela madeirinha, enrolando um bambu no outro. Me chamou a atenção, pensei em ir. Naquela época, eu fazia um curso técnico em agropecuária e chamei o povo pra ir junto. Chegando lá, a gente se deparou com uma imensidão de pessoas, parecia um formigueiro, de longe você via um monte de gente. Começaram a falar que ia ter assembleia às sete horas da noite e eu pensei: "assembléia? Será que a Assembleia de Deus vai fazer culto aqui?". Parecia até uma piada, porque eu já tinha feito parte da Assembleia e fiquei pra ver isso.

A companheira Maria, primeiro que já reparei que era uma mulher, falou: "O MTST não vai cobrar nada de ninguém, a única coisa que a gente cobra é sua participação, e se algo acontecer, a gente vai ser linha de frente, então vocês fiquem despreocupadas". Quando eu vejo aquela mulher negra baixinha, porreta, com uma força que arrepiava a gente, eu falei: "quero ficar". Eu resolvi ficar por causa dessa fala, porque até você ir e ter vontade de ficar, tem muitos passos.

Desisti dos meus empregos pra ficar lá. Eu sofri muito na casa dos outros, sofria com o meu barraquinho, e através desse Movimento e dessas pessoas que a gente tinha referência, eu vi o quanto a casa tem outros significados além da moradia. Uma casa é o começo de tudo. E fui me envolvendo cada vez mais, vendo cada vez mais coisas. E estou aqui, coisa linda demais!

Ocupar o Brasil e aprofundar as raízes

Maria Ferraz - MTST/RR

Eu sou uma das fundadoras do MTST de Roraima, antes eu era de outro movimento. A gente ocupava terra desordenadamente, sem saber como fazer. Em 2008 a gente ocupou uma área com dez famílias e em dois dias, eram duas mil famílias, uma área grande, de latifundiário, político do estado de Roraima, da família Campos. Quando deu dois meses veio o despejo, quebraram tudo, prenderam os companheiros e a gente ficou perdido, sem saber o que fazer. Foi quando eu e outro companheiro, o James Rocha, fomos na internet consultar a bandeira do MTST para trazer para Roraima e se respaldar. Eu moro em um estado que se desenvolveu através de ocupação, então antes de vir para o MTST eu já vinha de outras ocupações espontâneas, feitas de qualquer jeito. Às vezes ganhava, às vezes não ganhava. A luta por aqui é muito árdua. Apesar de o estado de Roraima ser muito bolsonarista e a gente ter que pisar em ovos, porque os poderosos aqui são bem cruéis mesmo, a luta é uma experiência e tanto. É nela que a gente aprende, mesmo tendo que conviver com colegas presos, barracos quebrados, enfim, com muita humilhação.

Lilian - MTST/SE

Eu lembro que eu estava morando de aluguel e alguns amigos tinham ocupado um terreno bem próximo de onde moro, eles me disseram: "Lilian, como você mora de aluguel, por que não vai conhecer o MTST pra você saber como eles constroem as ocupações, levantam a bandeira e tudo mais?". Tive muito interesse, porque até então eu não sabia o que era um movimento social, eu achava que era só ocupar o terreno e pronto. Fui no segundo dia da ocupação, comecei a pesquisar e saber o que era o Movimento a partir dali. Não lembro exatamente o ano, acho que foi entre 2017 e 2018, logo após o assassinato de Marielle Franco, o nome da ocupação era Marielle e Anderson Vive. No decorrer de alguns dias, houve muita repressão policial em cima dessas pessoas, inclusive de mim, a gente não podia entrar na ocupação. Os policiais não deixavam, eles cercavam o lugar e não deixavam as pessoas entrar com alimentação, com água, jogavam a comida do pessoal no chão, inclusive. Eles revistaram a bolsa dos ocupantes dali, coisa que eles não poderiam fazer, aquelas pessoas vinham do trabalho e estavam na ocupação para poder lutar por alguma coisa, reivindicar seus direitos. Logo veio uma reintegração de posse, e no dia anterior, a gente sofreu uma repressão policial, acertaram um tiro no peito da nossa companheira. A prefeitura botou a gente pra dentro de um galpão, todos nós. Lá dentro eu fui aprendendo mais o que era o Movimento. Eu ajudava na cozinha com as companheiras, fui desenvolvendo até que chegou o dia em que eu fui convidada para ser coordenadora de G. Desde então minha vida mudou.

Doris - MTST/CE

Entre 2007 e 2008, a gente entrou em contato com o MTST. A gente fazia parte de outro movimento local, aqui da cidade de Fortaleza. A gente começou uma discussão sobre frente de trabalhos e, procurando algumas experiências, vimos que tinha um Movimento em São Paulo, o MTST, que estava puxando um debate sobre frente de trabalhos. Começamos a fazer uma relação direta, mantivemos contato e começamos uma articulação. Eu não estava tão à frente, eu era mais jovem, tinha outra galera que participava e outros militantes que ajudaram a construir. A partir de 2008 a gente começou a construir uma Frente Nacional de movimentos de resistência urbana, mas como militante do MTST, a gente entrou mesmo no final de 2011. A primeira ocupação com o MTST [no Ceará] foi em 2014, a Copa do Povo.

Tudo foi impactante, tudo foi novo na ocupação, na forma de fazer. Em quinze dias a gente fez a ocupação e a negociação com o governo para garantir alguma conquista. Veio uma turma de São Paulo para ajudar porque aqui era tudo novo pra gente. Apesar de já ter uma relação muito próxima com o MTST bem antes, a gente não tinha feito ocupação no método do Movimento. Então todas as experiências de construção da ocupação, de coordenações, tudo era novidade porque você tem um processo de relações muito tensas nesses dias.

Eliane - MTST/AL

O MTST surgiu em Alagoas em 2014 e eu estava em outro movimento. O estado de Alagoas é o segundo mais pobre do Nordeste, a gente só perde para o Maranhão. É uma terra de muito coronelismo. Aqui quase tudo é de herança, de pai pra filho, de filho pra neto, são quatro donos que mandam na política alagoana e dizem quem vai governar a prefeitura, quem vai governar o estado. Em 2014 um companheiro de Pernambuco, o Rud, esteve aqui em Alagoas à minha procura. Eles tinham uma ideia de trazer o MTST mais para o Nordeste – já tinha em Pernambuco, no Ceará, mas ainda não tinha em Alagoas nem em Sergipe – e a gente fez o primeiro contato. Nós fizemos, em

2017, nossa primeira ocupação em uma área que era do governo federal, uma área que está hoje desativada, sem função social, próximo de uma periferia. Ocupamos lá com duzentas famílias, inclusive os companheiros de Pernambuco estavam junto com a gente para ajudar nessa ocupação. Tivemos que recuar logo em seguida porque a gente recebeu a ordem de reintegração de posse. Não durou um mês essa ocupação. Naquele momento o que mais me marcou foi a quantidade de pessoas que vinham para a ocupação por conta do desemprego, da fome, de não poder mais pagar o aluguel, pelo sonho de ter uma moradia. Mas também assustava muito a violência policial. Isso marcou muito. Toda hora a polícia entrava na ocupação, intimidava alguém, queria impor de que ali era uma favela, de que estava se construindo uma favela, e para eles a favela é um lugar onde só tem bandido, onde tem o crime, onde tem o tráfico, apesar de toda a organização do Movimento, todo o cuidado que o Movimento tem com isso. Marcou muito a invasão da polícia toda hora.

Maria Clara - MTST/AL

Minha mãe foi pela primeira vez. Eu estava trabalhando na funerária e chegando do plantão porque eu trabalhava todas as noites, só tinha uma folga na semana. Chegava muito cansada e só queria dormir. Ela falou: "olha, eu escutei falar de um movimento que luta pela moradia" e eu respondi: "Mãe, hoje eu não vou porque estou muito cansada", mas na minha folga eu fui e conversei com uma acampada que tinha um barraquinho e que fazia algumas atividades quando estava de folga. Algum tempo depois, eu perdi o emprego e pude frequentar mais as atividades do Movimento. Comecei a fazer amizades, conheci a Eliane e me disseram: "Você é desenrolada, liga para o pessoal, tira uma foto aqui da assembleia" e assim fui começando e hoje estou na coordenação estadual. Para mim isso é um grande privilégio, porque todos os dias eu aprendo uma coisa diferente. É um crescimento. São muitas oportunidades que o MTST oferece, antes de eu conhecer o MTST, eu não sabia nem o que era Constituição, eu não sabia que todo ser, todo indivíduo, tem direito à moradia. Pra mim, eu só teria direito à moradia se eu tivesse dinheiro para comprar uma. Mas é um direito constitucional! Então, eu queria agradecer o MTST por me fazer amadurecer, crescer como mulher, e nem eu mesma sabia que eu tinha a coragem que eu tenho hoje. Antes eu me limitava muito. Eu falava: "Será que eu posso? Será que eu consigo?" e o Movimento me incentivou, me estimulou a cada dia ser melhor. Tenho muita gratidão, muita felicidade, e estamos aí para aprender e construir muitos anos de luta.

Tia Zenira - MTST/RJ

O Movimento chegou em Niterói em uma sexta-feira de madrugada. Eu trabalhava num quiosque no centro do Largo da Batalha, um povoado aqui em Niterói que é um centro comercial. O Movimento ocupou um terreno bem no foco principal, que é a pista onde passam os engravatados, o seu delegado, seu juiz, seu desembargador, e atrás do terreno tem um fórum. O MTST chegou e acampou ali. Quando foi sábado de manhã, eu cheguei lá no quiosque e começaram os comentários: "rapaz, mas tem um monte de cigano na casa da barreira". Aí eu falei: "como que é o negócio?". Fiquei naquela curiosidade, todo mundo só falava nos ciganos. Fui perguntar o que era aquilo, por que eles estavam ali, qual era a finalidade, como funcionava, o que era cobrado. A primeira resposta que me deram foi a seguinte: "Olha, aqui a gente não cobra dinheiro, aqui a gente cobra luta, aqui a gente cobra participação". Vieram então explicando: "a nossa vinda até aqui é para chamar atenção das autoridades para fazer com que o povo que vive na rua tenha teto, tenha casa, tenha vida digna de viver e outros direitos". Por isso, o que mais me marcou dentro da ocupação foi a humanidade, é bonito demais ver a forma de divisão de alimentação, se tiver angu e salsicha, todos vão comer angu e salsicha, se tiver carne, todo mundo vai comer arroz, feijão e carne.

Aprendizados, partilhas e a construção de novos laços

Claudinha - MTST/SP

No mesmo dia eu já tinha estado na Ocupação Copa do Povo, na Zona Leste de São Paulo, e eu tinha comido um macarrão na cozinha central, que é a primeira cozinha que se faz na ocupação. Eu deixei de comer uma comida gostosa na minha casa, mais temperadinha, com a minha cara, pra comer aquele macarrãozinho sofrido com salsicha, mas eu quis experimentar. Porque eu não acreditei que alguém pudesse dar um prato de comida sem cobrar nada, eu falei: "Não, eu vou ter que comer esse macarrão!". Aí alguém falou: "você tem que trazer seu prato". Eu peguei uma garrafa, pedi pra alguém cortar e eu comi na garrafa. Inventei uma colher e eu comi. Não me perguntaram nada, "ó, você tem comida na sua casa? Você tem cara de quem tem". Simplesmente ouvi: "você precisa de um prato?" E eu percebi que as mulheres estavam no comando, a Laura que eu vi passeando com os bambus no G5, estava lá embaixo nessa hora, não só ela, mas a Maria, também. Sentei do lado da Maria, e fui prestando atenção nas coisas que ela falava. Fui entendendo tudo aquilo que a gente fala hoje na recepção das ocupações. Eu ouvi primeiro da Maria. Com o tempo eu percebi o quanto as mulheres são valorizadas no MTST, que elas são linha de frente na ocupação.

Maria - MTST/SE

Conheci o MTST através de uma colega que viu que tinha um Movimento aqui no bairro com pessoas fazendo reuniões. Ela me disse que o nome era MTST e que eles faziam essas reuniões com pessoas que moravam de aluguel, pessoas que não tinham casa própria ou moravam em casas de parentes. O objetivo dessas reuniões era lutar pela sua moradia. Algum tempo depois eu participei da minha primeira ocupação, a Beatriz de Nascimento[11] que surgiu no dia 02 de novembro de 2017. Eu fui para ajudar as pessoas e comecei a chamar meus vizinhos e vizinhas que eu sabia que não tinham casa ou moravam de aluguel ou na casa de parentes. Ajudei a fazer os barracos delas e passei a viver o dia a dia ali dentro da ocupação. Eu acho que a maneira das pessoas que estavam ali, a preocupação de lutar por uma casa e pelos direitos e não cobrar nada me chamou a atenção. Eu já tinha vindo de outros movimentos que cobravam uma taxa mensal. O objetivo do MTST nunca foi cobrar dinheiro, foi ajudar as pessoas sem cobrar nada. O que mais me marcou quando entrei no MTST foi essa solidariedade, o companheirismo de todo mundo para entrar e ajudar os outros a montar os barracos, a lutar pelo café da manhã e o almoço, então isso é muito gratificante.

Gilvânia - MTST/SP

Quando chegamos na Ocupação Dandara, realizada em 2015 na Zona Leste de São Paulo, eu achei muito estranha aquela bandeira vermelha, o PT não era. Fiquei muito curiosa, desci, fiquei animada, peguei quase um quarteirão de terra, muita terra, peguei o fitilho e cerquei um pedaço enorme de terra, já imaginando a minha casa, meu comércio, a casa da minha filha, dos meus filhos, tudo. A Luciana, a Lu da Leste, da Esperança

---

[11] Essa ocupação ocorreu no bairro do Japãozinho em Aracaju.

Vermelha[12], passou gritando "Gente!! O Movimento luta por moradia, mas o espaço é de 2 x 2, é simbólico! Esse pedacinho que vai representar sua moradia digna!". Mas de tudo isso o que mais me marcou foi na hora que eu estava lá fazendo meu barraco, eles passaram e avisaram: "Gente, se vocês quiserem almoçar, pode levar seu kit sem-teto e ir pra fila do almoço". Ai eu pensei: "Como assim, eles vão dar almoço? Eles me deram lona e bambu pra eu montar meu barraco, e ainda vão dar comida?" Às cinco horas, eles chamaram a gente pra reunião e começaram a falar e cantar, aquelas músicas "Pisa Ligeiro", "Fazenda Velha" e eu pensava: "não tô entendendo nada, essas músicas de escravo". Mas aquilo me marcou muito, principalmente a parte de chamar a gente no primeiro dia pra comer.

Bete - MTST/SP

O que mais me chama atenção no MTST é a união. Na primeira ocupação que participei, eu lembro que o pessoal falava assim: "a cozinha tem que abrir na hora do almoço, não pode faltar comida." Não podia faltar comida para o povo. Aquilo me marcou muito, não tinha separação de quem podia entrar, não tinha cobrança, nunca se cobrava um centavo de ninguém. Cobrou a luta, a participação, que ninguém largasse a mão de ninguém. O formigueiro. Isso me marcou.

Isaura - MTST/RS

O movimento para mim é uma família que a gente agarra, igual mãe. A gente agarra com os braços. Aí que tu começa a conhecer as pessoas, começa a ajudar o próximo que precisa também e às vezes tu precisa, mas aquele pode precisar mais que tu. O que eu posso, eu agarro com as duas mãos.

---

12 Ocupação situada na Cidade Tiradentes, zona leste de São Paulo.

Luciana - MTST/SP

Pra mim o momento de entrada na militância e no MTST foi muito importante porque foi o momento que eu me levantei da cama. Foi o momento que eu senti que eu precisava retornar pra sociedade porque eu vivia reclusa, não falava com vizinho, não falava com ninguém, e me marcou muito porque eu tinha que falar, e além de falar da importância da luta, a gente tinha que lutar contra o machismo. E aí eu me vi, de repente — depois eu te mostro, eu tomo um monte de remédio — deixando tudo isso de lado e curada desse sintoma de depressão e reagindo, a ponto de não aceitar meu relacionamento com o pai do meu filho que era abusivo. Ele veio querer me bater no meio dos acampados, que separaram e eu tomei uma atitude, falei: "não vou mais viver com você". Ele quebrou meu celular, quebrou meu dente com um soco que ele deu, chamou a polícia e a polícia foi machista. Como eu posso aceitar esse homem fazer isso comigo? Eu vim disposta a pôr um fim na relação, falei: "pega suas coisas e vai embora". Ele chamou a polícia e quando chegaram ele se apresentou como ex-policial, disse que eu estava louca, que eu estava pondo ele pra fora de casa. A policial tentou me convencer: "não, você não pode mandar ele embora", mas eu falei: "não, não vou ficar com ele, não sou obrigada, não tem lei que me obrigue a ficar com ele. E tem mais: a vítima aqui sou eu, não ele. Ele me deu um soco na testa aqui que minha testa descascou!". A policial falou assim: "já que não tem jeito de vocês voltarem, e ele precisa levar as coisas dele, você vai ter que arcar com as despesas". Eu disse: "como assim?" e ela disse: "ele vai ter que levar as coisas dele e você vai ter que arcar". Ele chamou um táxi, eu paguei, ele colocou as coisas dele e foi embora.

Janja - MTST/PE

Marcou muito pra mim a coletividade que tem no MTST, esse negócio de ter reuniões junto com o pessoal, de dialogar, porque a gente tinha informações de coisas que a gente não sabia, ter oportunidade de aprender os direitos através das reuniões. A gente que mora nas comunidades não sabe os direitos que a gente tem, então a gente às vezes deixa de correr atrás das coisas por não saber.

Andreia - MTST/SP

O que mais me chamou atenção nos primeiros dias que participei de uma ocupação foi a solidariedade que nós não víamos concretamente. Eu via assim: "uma pessoa gosta de ajudar a outra". A solidariedade é um despertar que a gente vai vendo porque com ela parece que a gente vive em outro mundo. Quando a gente tá no nosso mundinho que acha que tá bom aquele arroz, aquele feijão e um ovinho (quando tem um ovinho), pensa que tá bom, e não vê as coisas que estão acontecendo ao redor, a gente fica num mundinho. Mas eu achava que faltava alguma coisa pra mim, o que era? Eu não sei, mas eu sentia que faltava. Os primeiros dias de ocupação foram diferentes, todo mundo se envolvendo, todo mundo conversando. Uma coisa me chamou atenção na época: eu nunca gostei muito, até hoje eu não gosto de celular. E uma moça quando me viu chegando falou assim: "você veio pra ficar"? E ela deixou o celular dela comigo. Para os dias que a gente está vivendo isso é um ato grande e bonito, parece até coisa de gente que podia, que tinha dinheiro. Ela virou as costas e confiou em mim. Eu até fiquei meio assim: "nossa, a mulher deixou o telefone comigo pra ela fazer os afazeres dela". Ela emprestou o celular pra eu ligar pra minha família, pra trazer material, colchão, garrafa d'água, lençol, plástico, enfim, as coisas pra eu fazer um barraco. E na sequência vem outro e diz:

"eu te empresto o martelo, eu te empresto a enxada". E como eu estava fazendo curso técnico em agropecuária — eu gosto muito de animais, bichos e plantas — eu usei a estratégia do declive, porque os nutrientes passam com as chuvas e as plantas ficam menos saudáveis, então é fácil de arrancar. Só com a mãozinha a gente podia fazer todo o processo. A gente não sabia montar um barraco e veio gente ajudar a montar. O meu barraco tinha só quatro pontaletes e um teto. O povo passava e dava risada, mas a gente ficou nesse barraco e veio um senhor e falou: "vocês estão enforcando o martelo, não é assim" e foi ajudando porque a gente pegava errado no martelo. Então a ocupação é um lugar de aprendizado, de trocas, de experiência. E aí a curiosidade foi me chamando atenção, o que esse povo faz, de onde vem, para onde vai. A curiosidade foi me abrindo vontades pra ficar e conhecer mais. O que me chamou mais atenção foi essa coisa de compartilhar, de ficar junto, ver o povo ficando e perceber qual era o significado disso. Mesmo sem entender a luta, né? No começo a gente não entende direito, mas é bonito sentir que quanto mais gente melhor.

Débora - MTST/SP

Primeiro, sem sombra de dúvida, o que me marcou foi ver mulheres sendo coordenadoras e mulheres fazendo fala em assembleia. Quando eu conheci o Movimento, eu estava numa briga interna minha de um processo de desconstrução, desconstrução de tudo, desconstrução do que a sociedade coloca pra gente como mulher negra, que o nosso papel é estar nos subempregos, não pode ter faculdade, não pode ocupar espaços de poder. E aí eu fui para o Movimento em busca da minha moradia, mas carregava esse pensamento: "eu não aceito esse papel que a sociedade quer me impor". E outra coisa que me marcou foi a primeira manifestação que eu fiz no Movimento, foi meu primeiro impacto, quando eu entendi o nosso verdadeiro papel na sociedade. A gente é a maioria e o nosso potencial é a quantidade. A gente tem que saber usar a quantidade a nosso favor. Essa é a forma de conseguir os nossos direitos. No Movimento eu passei a ter o entendimento do poder que a gente tem e não sabe. O MTST abre os nossos olhos, nos dá esse poder, de que a gente, sim, pode transformar as coisas e ver que a mulher pode ocupar o espaço que ela quiser, de protagonismo, voz, pode coordenar, pode tudo.

Simone - MTST/SP

No início da minha militância, um episódio que me marcou foi quando a gente saiu da ocupação num dia de sol, e fomos fazer uma atividade pra brigar por bolsa aluguel, porque a gente ia sofrer o despejo, a ação de reintegração de posse. Quando a gente chegou na ocupação, deu uma chuva, não tinha um barraco de pé! A ciranda, a cozinha, a chuva tinha acabado com tudo. Eu tinha alguns meses na ocupação, mas já estava extremamente envolvida com tudo e com todo mundo. Lembro que tinham uns barracos que estavam mais altinhos, não tinha secado e tava tudo molhado. Quando eu olhei aquilo, a única coisa que vi foi aquele barraquinho na frente e eu me joguei e me sentei. Fiquei olhando a ocupação completamente destruída e pensei: "Acabou tudo. Quem é que vai ficar aqui dentro nessa situação?" A expressão das pessoas mostrava o mesmo sentimento que o meu. Mas aí o Zezito chegou pra mim e estendeu a mão. Ele falou assim: "levanta!" e eu falei: "Zezito, eu não quero mais. Eu não vou levantar daqui, acabou tudo, ninguém tem mais nada aqui dentro. Agora é só um monte de lona preta, madeira e bambu, não tem mais nada". Aí ele falou assim: "levanta! A gente sentado, você sentada aí a gente não vai conseguir erguer essa ocupação. Levanta que nós vamos colocar essa ocupação, pelo menos uma parte dela, em pé ainda hoje." Na hora que ele falou aquilo me deu aquela força e eu pensei: "Caraca, é isso!". Já peguei na mão dele, já levantei e chamamos uma assembleia para animar o povo: "Gente, não é fácil, mas vamos construir tudo de novo". Em uma semana a ocupação estava linda novamente.

Maria Clara - MTST/AL

Na ocupação eu aprendi que a gente não só luta por moradia, mas a gente luta pela saúde, a gente luta pelo trabalho, pela segurança pública, combate a violência contra a mulher, briga pelo empoderamento feminino, luta contra o preconceito racial e LGBTQIA+. Todo dia aqui em Alagoas é uma luta diferente que nós enfrentamos de cabeça erguida, e sempre mostramos para aqueles que nos procuram, aqueles que nos apoiam, que nós estamos aqui e não vamos abandoná-los! Cada ato, cada reunião, cada dia nos assentamentos é uma luta diferente, é uma batalha nova, um aprendizado, uma diversão, porque a gente também se diverte muito. Ano passado, dia 15 de novembro de 2020, eu liguei para Eliane, e falei assim: "Eliane, eu queria fazer um Natal das crianças do Dandara[13]" e ela disse: "Clarinha, a gente não tem grana para isso". Mas como meu aniversário também é em dezembro, dia vinte e seis, os familiares, parentes e alguns colegas poderiam ajudar. Então eu disse: "não se preocupe, eu vou correr atrás". E foi o primeiro evento que eu realizei no Dandara, dia vinte de dezembro de 2020, teve árvore de Natal, pisca-pisca, conseguimos alugar pula-pula, carrinho de pipoca, só não teve algodão doce porque a energia não suportava. Eu me vesti de Mamãe Noel, teve brinquedo para todas as crianças, cachorro-quente, guloseimas – eu chorei muito de felicidade. Foi assim, eu sofri, ralei para caramba, pedi pra muita gente, e graças a Deus eles me ajudaram e foi uma festa maravilhosa. Foi um dia que até hoje eu fico arrepiada

---

[13] Ocupação que fica em Maceió.

2. Fé na luta!

A vivência da fé é necessariamente política.
Ela pode sacralizar a opressão ou iluminar a libertação.
Frei Betto

Andá com fé eu vou
Que a fé não costuma faiá.
Gilberto Gil

Uma das formas de compreender um movimento social é enxergá-lo pelas lentes da aridez e do sofrimento produzido pelos desafios do cotidiano. Diante de cada obstáculo imposto pela falta de emprego, pelos baixos salários, pelo transporte de baixa qualidade, pela falta de moradia ou pelas inúmeras formas de violência, a manutenção da vida termina por ser uma prova de resistência e de fé. Manter-se vivo ao fim do dia é quase um sinal de graça divina, por isso na maioria das vezes, a fé não é uma simples escolha aleatória. É sempre preciso acreditar que é possível enfrentar os problemas cotidianos, transformar o presente e construir a sociedade que se sonha. Nas frestas e rachaduras que permanecem entre cada "não" que a vida impõe, entre cada muro que ela levanta é possível fazer brotar um novo impulso de resistência e realimentar os sonhos. É nesse momento que a fé surge como uma mistura rica que fortalece a resistência, alimenta a esperança e impulsiona o trabalho de construção de um mundo com mais oportunidades de florescimento da vida humana, e menos opressão e violência. Aqui importa menos qual a origem da fé, qual a religião específica e suas regras, doutrinas, limites e interesses; importa mais a complexidade da experiência religiosa e a capacidade que ela possui de evitar o desespero e impulsionar a luta. Assim, uma das formas de compreender o MTST é enxergá-lo a partir da sua habilidade de reunir a riqueza cultural de diferentes profissões de fé em torno de objetivos políticos comuns. A história desses vinte e cinco anos de luta oferece um testemunho concreto dessa virtude incomum, especialmente em tempos de crescimento da intolerância e da profusão estéril de debates que insistem em não olhar para o sofrimento vindo da periferia das grandes cidades. A seu modo, o MTST se constrói incorporando um profundo respeito à diversidade, inclusive a religiosa, como uma de suas dimensões absolutamente estruturais. A fé está na dimensão coletiva da luta, no aprendizado trazido pelos desafios do dia a dia de uma ocupação, na solidariedade, na troca e no compartilhamento de experiências, conquistas e desafios comuns. No MTST, e talvez esse seja um de seus aspectos mais decisivos, a fé não se distingue da luta. Essa é uma das formas de compreender o espírito dos depoimentos apresentados neste capítulo.

A fé como alimento da luta

Juraílde - MTST/DF

O mundo tá muito difícil, tem um povo perguntando se eu sou religiosa, aí eu falo "sou seguidora de Jesus". Porque a gente não pode apegar na religião, mas segue o caminho que a gente acha que deve seguir pra gente saber sobreviver mais, é um tipo de socorro. Eu entrei na igreja, fiquei dez anos e me afastei, agora tô retornando de novo. Acho que é isso mesmo, eu agradeço muito a Deus por tudo e por ter conhecido o MTST, por ter conseguido a minha vitória e ter a minha moradia e eu agradeço por tudo mesmo, primeiramente a Deus e, segundo, ao Movimento. Se não fosse o MTST, eu não teria a minha moradia hoje. E como diz uma frase: "o futuro se faz agora, pois a derrota não existe, não há conquistas sem lutas, onde só perde quem desiste". A religião ajuda a gente a nunca desistir dos nossos sonhos, porque é na luta que a gente consegue a vitória.

Gilvânia - MTST/SP

Tenho muita fé em Deus. Eu sei que a Igreja Evangélica hoje é muito utilizada para manipular a mente das pessoas, então mesmo não frequentando a Igreja, eu tenho muita fé em Deus, em um Ser superior, criador. Quero dar um exemplo: quando fui para a ocupação, as pessoas – meus filhos, meus irmãos – perguntavam: "Nossa, o que você tá fazendo no meio daquela favela?". Uma vez meu irmão veio de Itaquaquecetuba na minha casa e eu chamei ele pra conhecer a ocupação e ele olhou com desdém, sabe? Eu falava: "gente, aqui vai ser minha casa", porque eu acreditava que a gente ficava naquele terreno que a gente estava ocupando[14]. "Esse barraquinho aqui tá representando minha casa no futuro". Naquele dia eu ainda brinquei: "algum dia eu vou chamar vocês pra tomar café na minha casa". Mas eles me olhavam com uma cara assim: "nossa, mas o que ela tá fazendo no meio desse monte de favelados?" Tem esse tipo de

---

[14] A ocupação de terrenos pelo MTST é, entre outras coisas, uma forma de denunciar, através da ação de movimento social organizado, o descumprimento de leis ou o desrespeito ao que consta no artigo 5º da Constituição de 1988 que estipula a função social da propriedade. Por isso, nem sempre os terrenos ocupados são aqueles que, no futuro, serão utilizados para moradia popular. Os locais onde são construídas as casas conquistadas pela luta do Movimento são fruto, especialmente, de pressão popular e negociações com o poder público e com os proprietários de terrenos ocupados.

preconceito, né? Mas isso mudou com o tempo, devido à minha resistência na luta. O tempo todo na luta. E hoje, quando meu irmão vem me visitar na minha moradia, eu falo: "lembra que você me chamava de favelada?", mas ele diz que não lembra. Eu falo: "você falou, você esqueceu, mas eu lembro". Olha aqui o que deu aquele barraquinho na ocupação. E meus irmãos todos também falam: "você é muito guerreira, você acreditou numa coisa que a gente olhava e achava que era impossível que daquela ocupação, cheia de barracos de lona, pudesse sair uma casa". Eu falo que é fé. É isso que a gente quer dizer quando fala: "fé na luta, venceremos!"

Tia Zenira - MTST/RJ

Hoje dentro do espiritismo eu me encontro com todos os meus antepassados, todos eles, de mãe, de vó, de pai, de tataravó, todos eles, são a minha vida, são a razão de eu estar viva, de eu fazer a minha luta, eles que me dão força pra isso. Só que é difícil falar isso pra alguém porque nem todo mundo entende isso, que você tá lidando com os seus antepassados. Eu lido com minha vó, eu lido com meu avô, eu lido com meu pai, eu lido com meus tios, eu lido com minha mãe. E graças a Deus vieram muitas bençãos, muito bonitas. Tanto meu pai, quanto minha mãe, minha avó, meu avô. Ai de mim se não fosse meu espiritismo, graças meu bom pai Oxalá. Eu não sei se você viu, mas meu pai é Ogum e anda juntinho comigo, onde eu vou ele tá junto, não deixo meu pai de lado não. Ai de nós que vivemos fazendo luta se não tivesse um guardião por perto, ai de nós se não tivesse, e quando a gente tá na rua nós temos guardiões ali com a gente, só que muita gente nem sabe. Que as pessoas confiem mais em Deus, porque isso é o primeiro passo da nossa vida, porque sem Deus, nós não vamos a lugar nenhum, nós temos uma música que diz "companheiro me ajuda, eu não posso andar só. Eu sozinha ando bem, mas com você ando melhor".

Tia Cida - MTST/SP

Na verdade, eu fui criada na Igreja Católica, mas a gente cresce e tem as nossas escolhas, então eu não sou mais. Eu gosto de ir à Igreja Adventista, Igreja Evangélica, gosto da Igreja Católica, mas eu gosto mais de seguir o espiritismo. O espiritismo é onde a gente prega o amor, e é isso que a gente precisa, de receber pessoas positivas na nossa vida que pregam o amor pra que eu também consiga transmitir o amor para o meu próximo. É muito parecido com o que a gente faz no Movimento. Então a minha religião é o espiritismo.

Patrícia - MTST/SP

Eu acredito num Deus único, eu tenho fé em Deus. Eu tenho respeito por Deus, sei que me conforto no colo dele. Eu respeito todas as religiões, mas pra mim só existe um Deus e é ele que eu respeito. Eu não frequento nenhum tipo de igreja, mas eu acredito em Deus. Eu só queria deixar registrado uma frase: "um sonho que se sonha só é só um sonho, um sonho que se sonha junto, se torna realidade". Eu costumo falar essa frase muito nas assembleias, quando eles estão tristes, desanimados, quando não se tem boas notícias sobre as negociações, ou as ocupações e as assembleias não têm novidades. Então, geralmente, eu peço muita fé, que eles tenham muita fé, que eles não percam a esperança, que não se percam no meio do tempo.

Edvania - MTST/SP

Você ser espiritualista livre é crer que existe um ser maior e agradecer todos os dias a tua caminhada é ter só gratidão ao criador e aos nossos antepassados, ao povo do outro lado que nos ajuda.

Isso para mim é ser espiritualista livre. Mas a minha busca foi de vinte e dois anos para cá, foi só com o meu crescimento dentro da espiritualidade. Foi importante saber que existem seres do outro lado que me ajudam 24 horas por dia sem eu precisar ir em "pé de dança", nem nada. É só eu chegar no tempo e pedir que o tempo me traz. Importante para mim é saber que eu tenho uma família como o MTST, que eu tenho os meus companheiros de luta mesmo. E que juntos somos mais fortes, isso é certo, não tem como não acreditar.

Maria - MTST/SE

Sim, eu sou espírita. Deus tem grande importância em tudo na minha vida. É a fonte dos ensinamentos. Eu aprendi muita coisa no espiritismo, por exemplo, a questão de sempre estar mostrando o lado bom e o lado ruim da vida, como Deus deixou o direito de livre arbítrio, o espiritismo me mostra o caminho que eu devo seguir. Ele me mostra assim: "olha esse caminho e vai por esse caminho, esse é o caminho de luz, o caminho do bem", ou então: nesse caminho você pode ter muitas coisas materiais, mas é um caminho negativo que você pode encontrar muitos espinhos". Então, graças a Deus, o espiritismo me mostra um caminho que me ajuda a ser o que eu sou hoje, se eu estou no MTST tem a ver com esse caminho.

Eliane - MTST/AL

A luta no Movimento me fez enxergar que Jesus Cristo deu um exemplo totalmente diferente, que Jesus Cristo não era de religião nenhuma e ele nos ensinou a compartilhar, a amar as pessoas, a respeitar as pessoas. A Bíblia tem muito relato assim, como ela também relata o exemplo de Jesus Cristo, que veio, nasceu, e essa época é uma época pra gente refletir muito e lembrar muito. A gente teve um momento aqui na Cozinha Solidária[15], com o pessoal da Comissão Pastoral da Terra, lembrando e fazendo essa reflexão sobre esse exemplo de vida pra gente, que é o exemplo de Jesus, que nasceu na manjedoura, ou seja, numa estrebaria que só tem em periferia, uma manjedoura significa uma colcha de madeira onde o animal come, e ele veio e fez a Revolução. A história conta que ele foi o maior líder da história do mundo todo, e ele não andou em palacete, mas ele andou com as pessoas que a sociedade da época excluía. Não é diferente do mundo de hoje, não é diferente do que a gente vive hoje. Tomo muito ensinamento da Bíblia, do que Jesus nos ensinou, me apego a essas histórias, de quem foi esse cara jovem que foi torturado na cruz, que foi rejeitado pela sociedade riquíssima da época, que causou tumulto quando andou com os pobres e quando cobrou o que era direito do povo. Esse cara foi torturado até a morte e eu trago muito isso pra vida normal. Minha fé está nos ensinamentos que eu aprendi diante das mensagens que Jesus nos deixou através dos livros que contam sua história de tragédia aqui na Terra. Eu costumo dizer que a mulher tem um coração parecido com o coração de Deus, esse Deus que se faz mulher, que se faz menina, que se faz gay, que se faz lésbica, que se faz morador de rua, que se faz sem-teto, que se faz médico, professor, enfim. Se tem um Deus, se existe esse Deus, e eu acredito que ele existe, o coração dele é o coração das mulheres, porque a mulher sente muito afeto, e ela pensa em tudo, mais rápido e mais ligeiro, estrategicamente, no que a sua família vai comer hoje, onde os filhos estão, a que horas o companheiro chega, e se vai chegar e de que forma vai chegar, e ela não sossega enquanto não estiver todo mundo ali, dentro da sua casa.

---

15 "As Cozinhas Solidárias nascem por iniciativa do MTST com o propósito de ajudar a combater a fome em um período (meados de 2021) de crise sanitária, social, econômica e política". Cf. https://www.cozinhasolidaria.com

Seja na casa de alvenaria já conquistada, ou seja na casa de lona, seja na casa de lona no meio da rua, sozinha, mas ela está lá.

A fé que fortalece o respeito e promove a solidariedade

Claudinha - MTST/SP
Hoje eu acredito em outras coisas, acredito em vida após a morte, que a mente continua viva, que o pensamento é como se fossem os dados móveis [dos celulares], ele é invisível mas ele existe, que a gente sai daqui e pode ir pra outro campo. Mas eu não tô presa em religião nenhuma. Eu acredito que a gente é um gomo de uma laranja, que o todo constrói uma laranja, que a coletividade também é espiritual. Incrível, né?! Eu vim parar dentro de um Movimento que fala tanto da coletividade, depois a minha fé alcançou um espaço que fala da coletividade, também, que se a gente não tratar bem a coletividade, fizer alguma coisa para melhorar a coletividade, a gente não evolui como ser humano, como ser espiritual.

Márcia - MTST/MG
Eu respeito muito o candomblé, respeito muito a umbanda, mas assim, não tenho nenhuma religião. Dizer que eu sigo, que sou devota, que eu amo, não! Eu respeito todas elas, eu acredito que Deus é um só. Se você faz as coisas por Deus, não importa se você está dentro de uma igreja, dentro de uma lapa, num terreiro, pra mim isso é o de menos. Eu respeito um ser superior a mim, que eu não sei se o nome dele é Deus, eu sei que é um ser superior, bem superior a mim e que é dono disso tudo aqui, é criador disso tudo aqui, e eu respeito essa força. Eu não sei descrever que força é essa, se é um ser, se é força, se é atração, não sei.

Rogério MTST/GO

Sim, sou religioso, sou espírita. A disciplina pessoal, a disciplina religiosa, pela crença de um mundo melhor, de uma vida melhor, até mesmo pós morte, e não só isso. A religião muda e melhora a qualidade de vida aqui mesmo na Terra, "amar ao próximo como a ti mesmo", são fundamentos, "amar a Deus sobre todas as coisas e o próximo como a si mesmo". Isso faz com que a gente veja o mundo com outra ótica, não com a ótica da violência, não como a gente vê aí como muitos que se escondem atrás da Bíblia para enriquecimento e para poder destilar ódio contra outras classes sociais, outros grupos políticos, e aí são coisas que eu não concordo. A religião em si não prega isso, ela prega amor ao próximo e tem pessoas que se escondem atrás pra fazer esses tipos de vandalismo.

Ediane - MTST/SP

Eu sempre fui mais pro lado do candomblé. Não sigo a religião, mas tenho muita curiosidade e admiração. Sou uma pessoa que defende várias bandeiras, mas eu falo que a religião está dentro de você. Nós somos o Ser. A gente veio pra Terra pra dar o nosso melhor, independente da igreja ou bandeira que você defende. É sobre o ser humano, as suas atitudes, suas ações. Religião tem uma importância muito grande, porque acessa meu lado sensível, de olhar as pessoas com outro olhar, de trazer, querer conversar, entender de onde ela vem. Porque é natural que a gente conheça muita gente, as pessoas chegam no seu desespero, enfim, tudo é muito difícil e novo, né? E é importante que elas encontrem esse lugar que as acolha, que encontrem pessoas que tenham esse olhar humano. E tem bastante disso na igreja, a religião ensina bastante isso, a necessidade de trazer pra perto, de acolher. A gente vive aqui dentro da ocupação um resgate de uma sociedade que nos foi tirada lá atrás, de conhecer o vizinho do lado, saber quem é a pessoa, sentir a dor do outro, ser solidário. A solidariedade é a coisa mais importante. Aqui dentro das ocupações existe solidariedade, coisa que foi abandonada lá fora.

Lilian - MTST/SE

Eu não tenho uma religião específica, sou só crente em Deus e é isso. Eu fui criada na Igreja Católica, fiz a primeira comunhão e tudo. Eu sou muito temente a Deus, mas eu sempre fui muito de buscar em outras formas também, como curiosidade também pra gente saber outros tipos de religião. Mas específica mesmo, pra dizer que eu pratico, não tenho, eu não pratico. Já fui um dia, mas hoje não, até pra saber como era. Já fui pra evangélica, já fui pro candomblé, pra várias outras.

Maria Clara - MTST/AL

Eu não frequento nenhuma igreja, mas acredito em Deus. Meus pais, quando eu era novinha, tinha uns cinco anos, frequentavam a Igreja Evangélica. Minha avó frequentava a Católica. Minhas tias também, católicas. Mas eu não. No Movimento a gente tem pessoas de várias religiões, a gente aprende muito com eles, ganha muitas experiências e filtra um pouco de cada coisa boa.

Jo - MTST/RJ

Eu acredito sim muito em Deus, não sou de frequentar igreja. Eu sou muito sincera nas minhas coisas. Eu acho, na minha opinião, que se for pra ir pra uma igreja pra você estar orando hoje e amanhã você esquecer o que orou, eu acho que pra mim não é meu conjunto, sabe? Porque se você tiver que aceitar Deus, você vai aceitar do jeito que você é, o amor Dele vai ser o mesmo, mas eu não frequento igreja, não dá pra mim. Eu respeito, mas a minha religião sou eu mesma, sabe? Eu sento aqui, tomo minha cerveja, entro no meu trabalho, respeito qualquer religião, mas não sou convocada, não dá pra mim, não é minha natureza. Minha mãe é espírita, minha avó foi, eu sou filha de espírita, mas não frequento, não é minha praia. Eu vou fazer minhas coisas na rua, minhas atividades do Movimento, sempre com Deus, mas as coisas dependem de mim também.

Edson - MTST/SP

Eu não sou muito apegado. Meu pai sempre frequentou terreiros de umbanda, candomblé e a minha mãe, pelo contrário, participava de cultos religiosos nas Igrejas Evangélicas. Então eu sou aquele cara do meio. Mas é lógico que nunca me desfiz nem de um, nem de outro. Tanto frequento a umbanda como a Igreja Evangélica. Mas eu mesmo, o Edson, acredito na religiosidade. A religiosidade está na gente. No jeito de encarar a vida, de ver o pôr do sol... Eu acredito mais nisso, uma energia superior eu sei que tem, né? Eu acredito que é impossível ter um relógio sem ter um relojoeiro. Mas eu acredito também que não é através da religião que a gente vai ter contato com essa energia superior. Até porque a gente vê que a religião é um pouco manipulada, se a gente for recorrer à alguns livros aí a gente chega no Marx que diz que "a religião é o ópio do povo", Nietzsche também. E a gente vê que é real, que a religião é uma fuga das pessoas, porque o ser humano se sente humilhado. Ele não sabe quem ele é, pra onde vai, de onde veio e isso dá uma angústia muito grande. Alguns não aguentam e alguns acabam sendo manipulados através das igrejas. E de fato é uma angústia, mas eu consigo fugir dessa angústia através da religiosidade, então não tenho religião nenhuma.

Andréia - MTST/SP

A minha religião hoje é a fé. A restauração para que as pessoas possam viver bem. Mas eu fui evangélica por muito tempo e acabei conhecendo também e desmistificando que a religião do outro vai fazer mal, vai arrancar teu sangue. Na ocupação Povo Sem Medo de São Bernardo[16], eu me aproximei muito de um casal, e vi que eles tinham uma religião, que era a religião de umbanda, né. Eu acabei perdendo o medo em que eu fui criada, que a minha avó, que é evangélica há 36 anos, dizia que se a gente passasse perto de alguém vestido de branco com turbante era pra sair correndo que eles iam arrancar o sangue e fazer o mal. E aí eu fui me aprofundando dentro da religião e vi que não é isso. Cada um tem suas características, e cada uma pode ter seu Deus e seus Deuses. E faço até algumas visitas, acredito que através da fé a gente pode fazer tudo que a gente quiser. Que a fé, junto com a esperança, pode unir forças para que a gente possa continuar sobrevivendo.

Simone - MTST/SP

A minha visão em relação à religião mudou muito. Eu sou uma pessoa que tem fé, tenho muita fé e acredito em Deus, isso eu deixo claro pra qualquer um. Mas eu não sou uma pessoa religiosa como eu já fui antes. Porque eu entendo que uma pessoa que vai na missa nos finais de semana, ou se você é evangélica você tá com os compromissos no seu culto. Esses compromissos eu não tenho. Eu converso com Deus todos os dias, é um mo-

[16] Esta ocupação teve início em setembro de 2017 e durou seis meses. Durante sua existência foi considerada por diversos meios de comunicação como a maior ocupação urbana da América Latina. Cf. https://por.habitants.org/tribunal_internacional_dos_despejos/casos_de_despejos/sessao_sobre_o_brasil/ocupacao_povo_sem_medo_resistencia_e_luta_em_sao_bernardo_do_campo

mento que eu sinto que existe um monte de questionamentos na minha cabeça depois que eu comecei a ler e tentar entender mais coisas. Se tem uma religião que me chama atenção é o espiritismo, só que eu ainda não criei o tempo para praticar o espiritismo. De tudo que eu já li e que chega mais perto do que eu acredito é o espiritismo, mas eu não pratico. Então hoje em dia eu sou uma pessoa que acredita em Deus, eu tenho fé, mas não sou uma pessoa religiosa.

Débora - MTST/SP

Eu nasci em berço evangélico e fui batizada em Igreja Evangélica, até os 18 anos frequentei uma igreja. Depois disso, eu frequentei a umbanda. Mais tarde, tive um pouquinho de conhecimento da minha ancestralidade, fiz tratamento espiritual com os povos indígenas originários. Hoje eu sou uma pessoa sem religião, não me considero uma pessoa religiosa, mas considero que eu tenho fé, acredito, sim, em Deus e que existe um ser superior. Ainda tô tentando me encontrar pra onde eu vou, onde eu posso nutrir essa questão da parte religiosa. Aí é uma bagunça, às vezes quero ir pra igreja, às vezes quero ir pra umbanda, aí vou procurar minha ancestralidade indígena; ainda tô num processo de descoberta, mas acredito em Deus acima de todas as coisas.

Bete - MTST/SP

A gente tem que crer em alguma coisa. A melhor coisa que tem é ter fé em Deus. Por causa da minha filha eu procurei tudo o que foi religião, mas eu achei todas a mesma coisa. Aí eu decidi que eu tenho fé em Deus. Se eu tiver que falar, é a mesma coisa quando você vai pedir alguma coisa para o seu pai quando você é criança. Eu peço para Deus. Peço para Deus que ele não me desampare, que me dê discernimento, que me ajude a medir as coisas e não coloque palavras na minha boca que não seja para eu falar. Porque, às vezes, a gente fala alguma coisa que pensa que não está magoando outra pessoa, mas está. Você tem que pensar e pedir discernimento. Eu acabei de chegar no ponto em que creio em todas as religiões. Eu aprendi com meu finado avô que ele está olhando... Se você tiver movendo uma pedra é a sua fé que ajuda a mover aquilo. E respeitando cada um na sua crença e na sua religião.

Elza - MTST/SP

Eu acho que meu sagrado é meu sagrado e eu gosto de ouvir tudo. Eu faço yoga, mas é o meu sagrado e eu respeito a religião de todo mundo, só que eu não consigo caber ainda em nenhuma religião. Acho que Deus é muito mais. É muito maior do que tudo isso. Quando eu entro dentro da ocupação, a gente faz tantas outras coisas que eu vejo que não preciso de uma igreja, eu não preciso de uma religião. Deus está presente em mim, Deus está presente no outro, e ele quer só que eu ame e que ouça o outro um pouco e que ele também me ouça, porque a mão que estende para dar alguma coisa pra outra, também ganha. Esse é o meu modo de pensar.

Fernanda Cordeiro - MTST/PR

Na verdade é assim: Falou em Deus é lá que eu tô! Eu fui criada numa religião católica, me introduzi muito na Wicca, pratiquei Wicca por um bom tempo. Me considero um pouquinho praticante de Wicca... Gaia, amo Gaia... A oração dos elementos... Considero os feriados: Páscoa, Natal... tudo "Ostara", "Yule". Sou meio Wiccana. Mas o meu atual marido é pai de santo, ele é do candomblé. Aprendi bastante sobre espiritismo com ele, tanto o kardecista como o candomblecista. Sou uma pessoa que pensa a questão religiosa assim, com essa mistura toda.

3. Memórias da luta Sem-Teto

Eu acredito é na rapaziada
Que segue em frente e segura o rojão
Eu ponho fé é na fé da moçada
Que não foge da fera e enfrenta o leão [...]
Gonzaguinha

No dia em que o morro descer e não for carnaval
Não vai nem dar tempo de ter o ensaio geral [...]
O povo virá de cortiço, alagado e favela
Mostrando a miséria sobre a passarela
Sem a fantasia que sai no jornal [...]
Ninguém sabe a força desse pessoal
Melhor é o poder devolver pra esse povo a alegria
Se não todo mundo vai sambar no dia
Em que o morro descer e não for carnaval [...]
Wilson das Neves

Uma das dimensões estruturantes de um movimento social organizado pode ser encontrada nos atos públicos e ações de impacto que ele realiza. Esse é um dos motivos pelos quais os momentos das mobilizações, atos e ocupações são formas decisivas, não apenas de aparição pública das demandas do Movimento, mas também de construção de um ambiente comum de solidariedade. No MTST esses momentos são vivenciados como espaços de partilha e de construção de uma forma específica de sociabilidade militante. Dada uma determinada demanda, que não se reduz exclusivamente à luta pelo direito à moradia, existe o processo de escolha do tipo de ato ou mobilização que será feita e o local onde ela será realizada. Isso exige, em seguida, um período de preparação que inclui a confecção dos materiais (faixas, cartazes, elementos simbólicos, etc), o convite às pessoas que participarão do ato, a decisão sobre o local de encontro entre tantos outros passos que antecedem a concretização da mobilização. Mas não é só isso. Durante as manifestações também existe o cuidado com a autodefesa e com a realização daquilo que foi planejado nos passos anteriores. Nesses momentos, a reação violenta da polícia ou de agentes de segurança é sempre algo que pode ocorrer. De todo modo, a repetição deste longo processo de criação, planejamento, organização e realização de atos e manifestações é também um modo de partilhar experiências comuns. Uma das consequências dessa partilha é um aprendizado lento e profundo que, pouco a pouco, alimenta a construção e a sedimentação de uma sólida confiança política que é absolutamente decisiva para o crescimento e fortalecimento do MTST. Por isso, ouvir relatos de militantes sobre experiências marcantes construídas em atos e mobilizações é uma forma de conhecer melhor o Movimento. O objetivo deste capítulo é apresentar alguns testemunhos dessas experiências.

O aprendizado e a solidariedade

Janja - MTST/PE

O "Fora Temer" foi o ato que mais me marcou. Foi uma coisa nova para mim poder viajar para fazer luta. Tanto que eu quase acabava meu relacionamento, meu marido disse: "se você for, quando você chegar em casa eu não vou estar mais aqui". Aí eu disse: "então tá certo, pois eu vou, visse?" e eu arrumei a mala e fui embora com a galera. Me marcou bastante, aquele pessoal, aquelas bombas de efeito moral, aquele rebuliço todinho, e ver companheiros do MTST de outras localidades, de outras regiões. Teve um que estava com a sobrancelha cortada porque tinha levado uma bomba. Eu não me lembro o nome dele, mas esse ato me marcou bastante. E eu cheguei em casa e meu marido estava lá e eu logo disse a ele: "você quer que eu lhe ajude a arrumar a mala pra você ir embora?". De lá pra cá ele se acostumou, não liga mais, mas no começo foi difícil.

Joana Gama - MTST/MG

O ato que mais me marcou foi quando a gente foi na Cemig[17] e que a gente foi escoltado por alguns funcionários até chegar nos representantes da empresa. Depois de muita negociação, a gente pôde entrar e isso me marcou muito, principalmente pelo fato de que a Cemig é do povo, ela é nossa, nós pagamos, e na hora de você chegar lá dentro e conversar com a pessoa que tem tudo na mão para te dar uma energia de qualidade, a gente teve que ser escoltado por outros funcionários, e isso me marcou. O Movimento ocupou a sede da Cemig e os companheiros pediram que a gente fosse até lá, não só a Ocupação Fidel Castro[18], mas as demais ocupações. A gente chegou, eles já tinham marcado uma reunião de negociação com alguns militantes, alguns líderes das ocupações e eu fui uma delas. Tinha horário marcado, eu, o Jairo e um outro rapaz de uma outra ocupação. A gente se dirigiu até um portão, um funcionário pegou a gente, a gente ia na frente e atrás com esse funcionário iam mais uns seis. Eu até brinquei com o Jairo: "olha Jairo, nós somos tão importantes que estamos até sendo escoltados por outros funcionários". Mesmo entrando dentro do elevador, eles continuaram lá com a gente. Chegamos em uma sala, onde estavam dois rapazes e uma senhora, nos apresentaram, e os funcionários deixaram a gente

[17] Companhia Elétrica de Minas Gerais

[18] Ocupação que fica na cidade de Uberlândia/MG.

com eles e saíram novamente. Isso me marcou muito, porque é como se a gente gerasse uma desconfiança de estar entrando em uma coisa que é nossa. Ainda bem que foi por funcionário, imagina se fosse por polícia, mas a polícia tava toda lá fora.

Lilian - MTST/SE

O "Ele Não!" foi o ato que mais me marcou. Porque desde quando o Bolsonaro estava para se eleger como presidente, a gente já sabia de tudo que poderia sofrer. Como a gente é um movimento social, já sabe quem são nossos aliados e quem é contra. Quando tudo isso aconteceu, que ele já tava pra ser eleito e tudo mais, nós, mulheres, tivemos a sensação de que a gente ia sofrer bastante. Você já sofre no dia a dia, mas a partir do momento que ele fosse ser presidente, a gente teria muitas complicações, inclusive aqui no estado de Sergipe. Quando marcou o dia para o "Ele Não!", eu fiquei muito feliz. Ao chegar lá e ver aquela multidão de mulheres senti o quanto a união nos fortalece. O quanto que elas conseguiram enxergar o que poderia vir, e que vieram, infelizmente, contra a gente. Quando eu cheguei lá eu me arrepiei toda, é muita, mas muita gente. Foi muito bonito. As mulheres todas unidas. Os movimentos sociais todos unidos. Isso daí foi o que mais me marcou.

Eliane - MTST/AL

Em maio de 2021, Bolsonaro esteve aqui em Maceió para receber um título de cidadão honorário, e a gente teve a ideia de fazer uma manifestação no aeroporto. Isso me marcou porque eu via as pessoas, uma defendendo e tendo cuidado com a outra, mas defendendo a sua terra, a sua Alagoas, de modo a dizer "aqui não é lugar de você entrar! Não cabe você aqui! Isso aqui é terra de luta, é terra de história, é terra de Dandara, é terra de Zumbi dos Palmares!". Vai aceitar um cara que deixou morrer milhões de pessoas por causa da vacina? Um cara que tá vendendo os patrimônios brasileiros, para que aqui, na nossa terra, venha receber um título de cidadão honorário? Então nos organizamos. No momento que a gente estava ali, estava tendo a CPI passando ao vivo. Foi histórico, porque foi o MTST que tava lá, as famílias, as mulheres, os homens, os jovens, que estavam lá dizendo que aqui é terra de Zumbi, é terra de Dandara, e você não pode vir contaminar nossa terra e muito menos receber um título de cidadão. Foi das seis até às onze horas da manhã de muito travamento, com bala de borracha, bala de verdade, cassetete da polícia. Cheguei a ser ameaçada por um policial que estava me marcando junto de outro companheiro, que ouvi dizendo: "Quando acabar aqui a gente vai pegar ela por aí". Eu ouvi ele falar que ia me matar, na mesma hora a gente fez a denúncia ao vivo. Eu já participei de várias lutas que me marcaram, mas essa ficou para a história, porque a gente não aceitava, estava ali preparado para tudo, mas para dizer que a gente não aceitava que Bolsonaro chegasse rindo, sem nada acontecer em Maceió.

Jo - MTST/RJ

Um ato que não esqueço foi quando a gente foi pra Brasília, na época do Temer. Assim que eu entrei no Movimento, comecei a viajar junto também. A nossa chegada lá marcou, teve muita bomba e tinham duas companheiras nossas que estavam grávidas, uma quase tendo filho, a outra não, e a gente correndo naquele movimento todo. Teve muito tiro, muita confusão. Depois um companheiro nosso foi atingido, o Vitor, e aquilo me abalou muito, quando eu vi Vitor todo machucado me chocou também bastante, porque era uma coisa muito arriscada pra gente, botava nossa vida em risco. Passamos a madrugada toda na estrada, e quando chegou lá pelo menos descansamos um pouquinho, mas tinha que fazer o ato. A gente tinha que trocar a turma de lá, não só a gente, todo mundo do MTST, aquele grupo todo. Era uma loucura, mas, ao mesmo tempo, era bom, porque a gente também aprende, cresce, vai conhecendo a realidade da vida. Às vezes a gente vive num mundo, aqui dentro de casa, e ficar fora é bem diferente da realidade com a qual a gente convive dentro do nosso lar, dentro da nossa casa, quando a gente tem casa, né? A gente tem que aprender a sair um pouco, no mínimo, botar o pé no chão pra conhecer outros tipos de gente, outros tipo de coisa, pra ver que a vida não é só lá, e tem muita coisa que você pode aprender lá fora. É uma experiência pra passar pros seus filhos, pros seus netos, amanhã e depois, pra ser um militante forte. Não é porque hoje eu caio que eu vou ficar caída a vida toda, eu estou caída mas eu vou me levantar, eu vou melhorar, eu vou dar a volta por cima. É isso aí que marcou muito o nosso ato em Brasília junto com essa turma toda. A história do Movimento sempre tem dois lados, tem as dificuldades do dia a dia, mas ela também marca sua vida, marca você e a sua história.

Edson - MTST/SP

Nós fomos em um ato em Brasília por conta de todo aquele golpe contra a Dilma. Em uma das cinco viagens em que fui pra Brasília, desde que estava na estrada, tinha uma dificuldade imposta pra gente chegar no nosso local, a Polícia Federal já estava barrando. E quando chegou lá, a gente parou num lugar longe e teve que andar muito até a Esplanada dos Ministérios. Chegando lá tinha aquela multidão de sem-teto, num lugar onde é o lugar de poder do Brasil. E aí você para pra imaginar: "agora compreendo porque eles fizeram num lugar tão longe, porque se fosse no centro de São Paulo, meu, não ia restar nada". Fizeram a Capital em um lugar longe justamente pro povo não chegar. E nesse dia nós chegamos. De busão, cara! Você percebe o tanto de busão que tinha na estrada quando você chega lá e vê aquele formigueiro todo unido — tudo isso foi muito significante. E a polícia recebeu todos com repressão. Foi uma repressão muito violenta e o clima ficou bem quente. Eu lembro que eu subi num carro de som que estava lá na frente, tinha um helicóptero bem em cima de mim e eu consegui filmar todo o cenário. Eu acho que o povo deveria fazer isso com mais frequência, porque assim a gente poderia provocar uma mudança mais repentina. Naquele dia eu vi que o formigueiro, mesmo com toda a repressão do sistema, quando está unido consegue dar o recado.

Andréia - MTST/SP

O primeiro ato que me chamou atenção foi na Ocupação Copa do Povo, me marcou por ser o primeiro. Mas teve atos de impacto. Eu acho que o Ocupa Paulista[19] foi uma coisa extraordinária, você se dá conta que tem outras pessoas querendo lutar, mas não sabem como vir porque não entendem o que a gente está fazendo, acham que a gente vai ocupar a casa dos outros. Eu vi gente branca, de olhos azuis com dinheiro chegando lá pra fortalecer, querendo estar do nosso lado. E isso fortaleceu pra caramba, gente querendo cozinhar: "a gente veio cozinhar pra vocês, vocês são foda". Muita gente somou com a gente. Esse ato eu não esqueço. Teve também o ato dos 23 quilômetros[20] da

---

19 No dia quinze de fevereiro de 2017, uma quarta-feira, o MTST acampou em frente ao escritório da Presidência da República, na Avenida Paulista, em São Paulo. Entre outras coisas, o Movimento pleiteava a continuação e a ampliação dos recursos para o programa Minha Casa Minha Vida - Entidades, mas o ato também denunciava os ataques promovidos pelas reformas da Previdência e Trabalhista do governo Temer.

20 No dia 31 de outubro de 2017, uma marcha organizada pela ocupação Povo Sem Medo de São Bernardo do Campos/SP, saiu em

Ocupação Povo Sem Medo, de São Bernardo até o Morumbi. Foram 23 quilômetros pra ir, mas teve gente que não tinha verba pra voltar de ônibus, então foram e voltaram a pé. Esse ato foi para o Palácio dos Bandeirantes, sede do governo do estado de São Paulo. Saímos de São Bernardo do Campo às seis horas da manhã e marchamos até lá. A gente fez uma parada e garantiu que não faltasse comida pra ninguém, ficamos na ocupação a noite inteira até a madrugada produzindo alimento, cada G fez o seu. Foi muita gente. No meio do caminho a gente parou, todos os Gs pararam, todo mundo comeu, sobrou comida. Não faltou água e a gente marchou vinte e três quilômetros. Às vezes a gente vê assim de longe e dá mais força. Tem senhores e senhoras, que são a paixão da minha vida, que andaram de muleta até lá, companheiros que faltavam membros. Quiseram andar até lá! Não quiseram ir de ônibus, porque tinha um ônibus de apoio para que aqueles que estivessem cansados pudessem descansar. E ver as pessoas revezando criança: "Ah mãe, dá um pouquinho que eu levo". Mas a mãe do lado ali, porque a mãe tem sempre um cuidado com quem pega o filho. Foi muita criança, muito idoso, mulher gestante e também mães com crianças de colo. Foi a coisa mais linda esse dia, 23 quilômetros que, para muitos, acabou se tornando o dobro porque era ida e volta. Foi a coisa mais linda você subir no caminhão e ver o mar de gente que aquilo se tornou. Era o mar vermelho que se abria para uma nova negociação que deu um fruto, e a gente vai poder comemorar em breve se Deus quiser.

---

direção ao Palácio dos Bandeirantes, sede do governo de São Paulo. O ato reivindicava a desapropriação, por parte do governo do estado, do terreno da ocupação que estava abandonado há mais de quarenta anos e que, naquela oportunidade, devia cerca de 500 mil reais em IPTU.

Simone - MTST/SP

Em 2014 ou 2015, não me recordo direito, fizemos um ato de acorrentamento lá no Palácio dos Bandeirantes. Esse aí foi impactante, qualquer pessoa que você perguntar lá do Chico Mendes 2[21] vai responder a mesma coisa, que esse acorrentamento foi um dos atos mais impactantes. Aconteceu assim: conseguimos conquistar alguns auxílios aluguel, mas faltavam ainda cento e cinquenta famílias, que não tinham para onde ir. Então, a gente não tinha muito o que fazer e nossa última cartada era ir para o Palácio, e nós éramos pouquinhos. Pensa, não é esse movimento que é hoje, a gente tinha ali no máximo umas oitocentas pessoas se a gente juntasse todo mundo, e não sei nem se a gente chegava a isso. A última cartada para tentar auxiliar aquele povo, era ir para o Palácio dos Bandeirantes, só que não adiantava só ir, tinha que fazer algo mais radical. Foi quando aconteceu o acorrentamento. Isso pode passar um milhão de anos que nunca vou esquecer. A gente ficou 14 dias largados em frente ao Palácio do governo acorrentados, nossos companheiros tiveram essa garra, essa força de ficar ali literalmente acorrentados. Para fazer as necessidades a gente ia lá e ajudava, mas eles não se desacreditaram em momento algum, para conseguir cento e cinquenta auxílios aluguel. Ali a gente passou por coisas absurdas, a gente era tratado como lixo, algumas pessoas passavam e jogavam pilha, passavam e xingavam de vagabundo, não existia uma imprensa igual hoje que o Movimento é conhecido, não existia nada disso. Aí jogavam um pedaço de pizza, jogavam pilha de carro, não sei onde as pessoas conseguiam tanta pilha. Gente, era impressionante, a gente ia juntando e as latinhas ficaram cheias de pilha que eles passavam de carro jogando na gente. Chamavam a gente de tudo quanto é nome: de vagabun-

---

21 Ocupação que teve início em setembro de 2014 na região do Morumbi, Jardim Colombo, na Zona Sudoeste de São Paulo.

do, de lixo, de escória da sociedade. Foi um momento muito difícil, mas foi um momento em que o Movimento se uniu e juntou todas as forças que tinha para se manter firme ali. Porque ficar 14 dias em frente ao Palácio do Governo, acorrentado, correndo todos os riscos possíveis, eram pessoas que acreditavam verdadeiramente na luta, e tinham muita fé na luta para resistir, porque foi um período muito difícil.

Bete - MTST/SP

O ato na casa do Temer foi o que mais me marcou. Nós montamos a cozinha, montamos tudo, depois nós fomos atingidos por um caminhão de jato d'água. E o Guilherme não arredou o pé. Ele ficou na frente, ele mostrou para a gente que ele estava ali de verdade. E aquilo para mim marcou muito, mas tiveram companheiros que sofreram muito naquele dia também.

Elza - MTST/SP

Mano, são tantos atos que marcam a gente, mas quando a gente saiu da Marielle Vive[22] e foi atravessando pra ir pro fórum, na Freguesia do Ó, a gente quase foi atropelado por um canalha. E aí eu vi o Felipe Vono, ele só tinha uma garrafinha de água, mas ele jogou, arremessou aquilo com tanta raiva, porque era o povo dele, e isso me marcou muito. Depois, eu estava nesse mesmo ato, e um homem, um senhor de idade, me chamou de lixo. E eu não respondi. Depois eu fiz um poema, claro, né!? Porque aquilo me magoou muito, como uma pessoa, que tem cabelos brancos, pode chamar outro ser humano de lixo? Será que durante a vida ele não aprendeu nada?

---

[22] Ocupação que nasceu em abril de 2018 e estava situada na Zona Norte de São Paulo.

FOME
TÁ TUDO

MENOS ODIO
M IS MORADIA

MULHERES EM MOVIMENTO POR
NOSSAS VIDAS: VACINA E RENDA BÁSICA JÁ
PARA ENFRENTAR A
FOME E A POBREZA
EMPREGO, RENDA BÁSICA
E MORADIA JÁ! 8M

MTST
BRASIL
OCUPAÇÃO CAROLINA DE JESUS
COORD.: MARIA
A luta é
pra valer!

MOVIMENTO DOS TRABALHADORES

JUSTIÇA
POR TODO
SANGUE PRETO
DERRAMADO
TST
BRASIL

TST
BRASIL
POR TERRA,
TRABALHO E TETO
DESPEJO ZERO
MLB

OCUPAÇÃO

MTST
BRASIL

MTST
BRASIL
SONHO REAL VIVE
MTST
RESISTÊNCIA URBANA
MTST
MTST
MTST
MTST
RESISTÊNCIA URBANA

REIVINDICAÇÃO
NÓS SEM TETO VIEMOS REIVINDICAR DO PRESIDENTE DA ALE / RR.
QUE GARANTA NESTE PROJETO DE LEI Nº 213/2022 DE DIRETRIZ
ORÇAMENTÁRIADO ESTADO RECURSO PARA
CONSTRU E HABILITAÇÃO.
MTST
RORAIMA
Agricultura
familiar

MOVIMENTO DOS TRABALHADORES SEM TETO
MTST
RORAIMA
NA LUTA PELA REFORMA URBANA

“A ESPERANÇA
VAI VENCER
O MEDO!!”
ANISTIA!
ANISTIA!
ANISTIA!

TST

STAR WARS
VIDAS
NEGRAS

DESPEJO
ZERO
TST
BRASIL
A LUTA É
PRA VALER!
OCUPAÇÃO
MARIELLE
FRANCO

#DESPEJOZERO
DESPEJO
ZERO
TST
BRASIL
A LUTA É
PRA VALER!

OVIMENTO DOS TRABALHADORES SEM TETO
TST
BRASIL
NA LUTA PELA REFORMA URBANA

MTST
MOVIMENTO DOS TRABALHADORES SEM TETO
MTST
BRASIL
NA LUTA PELA REFORMA URBANA

OCUPAÇÃO
BANDEIRA VERMELHA

Patrícia - MTST/SP

Um ato que me marcou negativamente foi quando nós fomos à casa do Temer. Aquele dia eu achei que ia morrer. Lá, naquele dia, estava eu e a Simone e eu falei: "Eu vou morrer". Eu entrava, era bomba, era tiro de bala de borracha nas ruas. Aquele dia me impactou negativamente, eu fiquei traumatizada, eu fiquei um tempo, acho que três meses, sem ir em ato porque eu fiquei muito traumatizada com aquilo. Agora, positivamente, foi o Ocupa Paulista. Que sensação maravilhosa estar ali todos os dias vendo aquelas pessoas! Tinham os que avacalharam a gente, mas também tinham os que estavam do nosso lado, nos apoiando. No último dia foi quando recebemos as notícias das nossas vitórias. Eu acho que o mais marcante positivamente foi esse da Paulista mesmo, foi muito tocante.

Isaura - MTST/RS

O ato que mais me marcou foi aquele que fizemos com a Ocupação Vila Nazaré lá no Demhab[23]. Tava todo o povo junto, todo mundo lutando pelos seus direitos. Mas a gente sofre também. Quando a gente chegou lá eles fizeram mil promessas, nenhuma das promessas deles foram cumpridas. Eles prometeram postinho para gente se consultar, posto policial, prometeram creche e não fizeram. A creche nós temos, mas não foram eles que fizeram foi o Centro Universitário Cesmac, não foi o Demhab. Nós fizemos a nossa parte de ir até lá e mostrar que conhecemos nossos direitos e isso, por si só, mostra nossa força.

Joana (Jô) - MTST/SP

Eu participei de alguns atos que foram bem importantes na minha história, na minha vida. Um deles foi a marcha dos 23 quilômetros, que foi lá da ocupação Povo Sem Medo em 2017. Teve

23 Departamento Municipal De Habitação - Porto Alegre.

também o ato do "Ditadura Nunca Mais", que foi em resposta ao Bolsonaro, que fez uma ataque à memória de Fernando Santa Cruz[24] e uma piada com os 57 mortos que morreram na prisão no Pará[25]. Eu achei um disparate o que ele fez, trazendo pra agora, como se aquilo tivesse sido uma ação muito bonita deles, porque a gente sabe que o corpo do Fernando Santa Cruz até hoje não foi encontrado. Outro ato marcante foi o que fizemos contra a reforma da previdência, quando foram tirados todos os nossos direitos e a gente sabe que a parte mais prejudicada foi a nossa classe, que é a classe menos favorecida, principalmente a gente que é mulher. Você sabe que a gente já não tem direito a um trabalho digno, a gente além de ser minoria, a gente ganha bem menos que os homens, se a gente já ganhava bem menos, então quem sofreu muito com essa reforma da previdência é gente que é mulher. A "Marcha dos 23 Quilômetros" foi em 2017, o "Ditadura Nunca Mais" foi em 2019. Esses foram os atos que mais me impactaram. O da "Ditadura Nunca Mais" a gente parou na frente de onde agora é uma delegacia, onde teve vários mortos, e a gente colocou ali as fotos daquelas pessoas

---

[24] Fernando Santa Cruz é uma das vítimas da ditadura militar que governou o país de 1964 a 1985. O Estado brasileiro, através da *Comissão Especial sobre mortos e desaparecidos políticos* (criada pela lei n. 9140, de 5 de dezembro de 1995) reconheceu, em 2019, que o desaparecimento do estudante de direito ocorreu "em razão de morte não natural, violenta, causada pelo Estado Brasileiro". Com intuito de resgatar sua memória e exemplo de resistência, Fernando Santa Cruz passou a ser o nome do núcleo de luta por moradia de Santo André/SP que surgiu em 2019. Em linhas gerais, esses núcleos funcionam como uma ocupação fora do terreno que organiza centenas de famílias que lutam por moradia naquela região.

[25] Trata-se aqui da chacina que deixou cinquenta e sete mortos, ocorrida em julho de 2019 no presídio do Centro de Recuperação Regional de Altamira, no Pará.

que lutaram, que morreram. Foi uma coisa de arrepiar, como se eu tivesse sentido na pele aqueles sofrimentos horríveis que na época eles passaram, eu senti uma energia bem negativa, bem ruim, naquele lugar, de arrepio e tudo, e ver aquele monte de fotos, aquele monte de mortos, isso me impactou muito, eu não sabia muito dessa história porque eu não venho dessa época, e eu consegui entender sobre essa parte da ditadura agora dentro do Movimento.

Francisco - MTST/SP

O Ocupa Paulista em 2017 também me marcou muito. Ficamos lá vinte e dois dias para protestar contra o fim do Programa *Minha Casa, Minha Vida*. Toda noite tinha reunião, tinha atividades culturais, servia comida e foi um momento de muito aprendizado na minha vida. Todo ato tem uma importância. Eu sempre sou surpreendido. Esse ato que fizemos na Bolsa de Valores[26], eu pensava comigo: "duvido que a gente vai conseguir entrar naquele lugar", mas entramos. No MTST é assim, a gente imagina que vai ser surpreendido e quando vê, acaba sendo surpreendido mesmo.

Testemunhos da violência, exemplos de resistência

Claudinha - MTST/SP

No final de 2014, novembro, dezembro, a gente fez um travamento com os pneus e a PM já chegou atirando bala de borra-

---

26 Em setembro de 2021 o MTST/SP fez um ato na sede da Bolsa de Valores, no centro de São Paulo. O ato pretendia, entre outras coisas, denunciar como aquele espaço, símbolo da acumulação de lucros e concentração de riqueza, convive, sem nenhuma dificuldade, com a ampliação da pobreza e da miséria que marcam os últimos anos.

cha e gás de pimenta. A gente tava na Jacu Pêssego[27] e subiu para Ragueb Chohfi, eu sei que a gente correu da Jacu Pêssego até aqui fugindo do gás de pimenta, tinha muito gás de pimenta nessa Ragueb Chohfi, cara. E a PM foi parando nossos companheiros, eles passando mal e eu com a vista ardendo, sufocada porque eu tenho bronquite, mas mesmo assim eu falei: "ô, companheiro, você tá bem?", a mulher falou: "vem aqui, lava o rosto".

Luciana - MTST/SP

A gente tentou fazer um acampamento na casa do Temer, porque ele estava extinguindo o programa Minha Casa Minha Vida e a gente esteve lá. A gente já estava todo estruturado, fazendo arroz, cozinha, tudo, tinha criança. Aí a polícia veio com aquele carro de água do Choque e tirou a gente com muita violência. Aquele dia choveu, fez frio, já não tinha mais condição pra gente ir embora, nós ficamos, todo mundo molhado e esperando o metrô abrir. Eles destruíram tudo, tiraram o fogão, jogaram fora, quebraram tudo, a gente perdeu tudo naquele acampamento. Foi uma injustiça muito grande, deveria ter negociado, não ter agido daquela forma com tanta truculência, tinha mulher grávida, foi bem pesado mesmo. A gente não tinha nada pra se defender, foi horrível.

Rogério - MTST/GO

Uma das mobilizações que marcaram muito foi quando nós fizemos um ato contra a PEC 5[28], em 2013, que ia contra o Ministério Público. Fomos para Brasília e fizemos várias ocupações

---

27 Uma das principais vias de acesso para a Zona Leste de São Paulo.

28 PEC (Proposta de emenda constitucional) que propunha, entre outras coisas, mudanças na composição do Conselho Nacional do Ministério Público (CNMP) que implicaria em diminuição de sua autonomia.

de órgãos, nos acorrentamos em ministérios em Brasília, fizemos os travamentos bem em frente ao Estádio Mané Garrincha, com 400 pessoas, e travamos bem no início da Copa das Confederações. Nesse dia houve perseguição, o Exército, a ABIN, a Polícia Federal, Polícia Civil, Polícia Militar, Força Nacional. Foram buscar militantes em casa, rastreando pelo celular. Eles passaram por cima de manifestantes com motos, enfim, nós fizemos muita mobilização em Brasília nessa época. Outro que me marcou foi o do impeachment da presidente Dilma, aquele golpe, nós fomos pra Brasília, mais de 200 mil pessoas, fizemos o enfrentamento da polícia lá. Em 2013, eu fui preso e passei cinco dias na CPE. O delegado da Polícia Federal cobrou R$ 10 mil para eu responder o processo em liberdade, depois de cinco dias que fiquei lá, reduziram para R$ 1.000, fizeram um rateio e pagaram minha fiança. Era eu e mais cinco companheiras, mais quatro companheiros, fomos presos nesse protesto. Teve uma companheira nossa aqui em Goiânia também, que num protesto que estava meio ralo, em 2017, uma senhora com um carro Prisma prata entrou no meio da manifestação, atropelou a companheira e foi por 20, 30 metros com ela debaixo do carro; depois ela meteu uma ré e voltou com ela debaixo do carro para atropelar o pessoal de ré. Quando vi que ela queria atropelar o pessoal de ré, eu meti um murro no vidro do carro dela, o vidro quebrou, eu pulei pra dentro do carro, não estava nem aí se iria cortar, o que ela iria fazer, tentei desligar o carro, consegui porque entortou a chave, o pessoal começou a quebrar o carro dela e eu gritando com o povo pra não quebrar, pra gente não reproduzir o que ela já estava reproduzindo, a violência. Mas aí era muita gente, o povo deu chute, deu murro no carro dela, e ela ainda se passou como vítima. Nós fomos na porta da Central de Flagrantes aqui em Goiânia para registrar a ocorrência, mas policiais e o delegado, processaram a companheira que estava no hospital se recuperando das feridas, da queimadura do asfalto. Colocaram como se ela tivesse causado dano ao carro da mulher e processaram todo mundo, um policial pegou uma arma e queria pegar um dos nossos querendo prender, dizendo que nós estávamos armados na porta da Central de Flagrantes. No outro dia saiu uma matéria no Jornal O Popular, que nós tínhamos ido com um ônibus pra invadir a Central de Flagrantes para agredir a mulher novamente... Para agredir novamente! O que não era verdade. Essa foi uma cena muito marcante pra nós, a maneira que o coronelismo de Goiânia e de Goiás age, de maneira tão brutal, sem simpatia nenhuma com o ser humano, com a vida humana.

Juraílde - MTST/DF

O ato que mais me marcou foi lá na Esplanada dos Ministérios em Brasília, parece que eu estava dentro de um filme de terror. Se eu não me engano, foi até o pessoal de São Paulo e o pessoal daqui, e lá nós fomos recebidos, e era até avião por cima, com muito tiro e muita bomba. Eles estavam atirando de verdade e não de mentira, não era bala de borracha e não era de spray, eles realmente reagiram e eu vi muita gente machucada, muita gente sangrando. Foi um cenário de um filme de terror e eu estava dentro dele. Essa cena foi muito marcante e chocante.

Gilvânia - MTST/SP

O ato que mais me marcou foi o Ocupa Paulista, foi uma das ações que eu mais gostei, que mais me impactou. Quando a gente estava do lado do Banco do Brasil, na Rua Augusta, aquele monte de gente com aquelas barracas ocupando as calçadas, passavam muitas pessoas com aquela cara de desprezo, por mais que a gente tivesse o apoio de muitas outras pessoas, foi ali que eu pude ter aquele sentimento de: "poxa, o que passa um morador de rua...". Isso porque a gente estava só ocupando a rua, não morando nela. Mas naquele lugar, passam por cima, às vezes a pessoa tá com fome, mas isso eles não percebem.

Maria Clara - MTST/AL
A ida de Bolsonaro a Maceió foi o primeiro ato em que eu estava na Coordenação Estadual do Movimento. Eu vi, com meus próprios olhos, a polícia querendo atirar em trabalhador, querendo bater. Teve também o ato do dia 7 de setembro de 2021, um policial colocou a arma na cabeça de um acampado e eu entrei na frente da arma. Eu chorei muito, porque foi a primeira vez que eu tive uma arma apontada para a minha cabeça. Até gritei com o acampado, depois eu pedi desculpa, pra ele se acalmar, porque a esposa dele tinha corrido com as balas de borracha, e ela se machucou. Ela tem deficiência, problema de locomoção, ele estava muito nervoso e eu fui acalmar. Tentei ajudar ela, pegá-la no colo, para colocar em algum lugar que a gente pudesse cuidar. Foram esses dois atos que mais me marcaram, o primeiro porque eles estavam atacando até as mães de família, e o do dia 7 porque teve a arma apontada pra mim.

Creuza - MTST/SP
O ato que me chamou mais atenção, que foi lindo, maravilhoso, foi o dia que a gente saiu da ocupação que a gente fez na Paulista, tinha aquela multidão de gente, muita gente, que recebeu aquela notícia maravilhosa, todo mundo gritando e a Natália dando a notícia que a gente tinha conseguido que o Programa *Minha Casa, Minha Vida* não fosse interrompido. Não que os outros atos não sejam importantes, é maravilhoso, a gente tá na rua, lutando pelos nossos direitos, mas um dos atos foi esse. Outro ato marcante foi o que a gente caminhou por 23 quilômetros, lá do ABC até o Palácio dos Bandeirantes, esse foi

um ato que ficou pra história: muita gente caminhando, muitos pés doendo, chegando ali, não aguentando mais, e todo mundo resistindo pra chegar até o local.

Doris - MTST/CE

Cara, tem uma ação que a gente fez aqui, na Greve Geral de 2017, bem radicalizada, na maior empresa de transporte da cidade de Fortaleza, em articulação com a turma do Sindicato dos Rodoviários. Foi uma ação às três horas da manhã e foi um furdunço do tamanho do mundo. Acho que essa foi marcante porque foi uma ação que gerou uma adrenalina muito forte. Houve alguns conflitos, tiros da segurança da empresa, um negócio bem marcante. Eu diria essa, porque é a que vem mais à mente por conta da situação que foi criada naquela ação, mas tem outras. As próprias ocupações, as marchas do Movimento que a gente fez, e a própria mobilização do dia da Greve Geral, que foi gigante aqui em Fortaleza. Fizemos vários atos contra o golpe, várias marchas com outros movimentos, mas a que me vem à memória sempre, por conta da situação, é essa na empresa de transporte de Fortaleza.

Francisco - MTST/SP

Um dos atos que mais me marcaram foi o que a gente fez em Brasília em 2017, contra a Reforma da Previdência do Temer. Nós fomos em vários ônibus, sempre cuidando para que o povo pudesse comer, então teve lanche para todo mundo durante a viagem. Mas quando a gente chegou lá parecia um cenário de guerra. Eu nunca tinha visto aquilo. Os policiais vieram pra cima da gente com a cavalaria e tinha um monte de bomba que a gente nem sabia direito de onde vinha. Os helicópteros voando baixo e um barulho horrível, parecia que a gente era bandido. Foi um momento de muito medo e a gente só queria protestar contra a reforma.

Luta, suor e conquista

Márcia - MTST/MG

O que mais marcou foi quando a gente ocupou a Câmara Municipal. Diamantina é uma cidade escravocrata, foi toda construída a base do suor dos nossos antepassados, e por incrível que pareça, o dia 20 de novembro, Dia da Consciência Negra, em Diamantina não é feriado. Devido à Ocupação Vitória ter muitos quilombolas, parentes e descendentes de quilombolas, a gente resolveu pedir que o dia 20 se tornasse um feriado. Como está sendo refeito o plano diretor da cidade, a gente quer que a área da Cetec[29], que está sendo ocupada e que tem cerca de sessenta hectares, se transforme em área de interesse social. Então a gente foi até a Câmara para pedir isso, e nós conseguimos lotar a Câmara, conseguimos quebrar o protocolo. Lá, pra falar, tem que pedir com uns dias de antecedência, protocolar, e a gente conseguiu quebrar tudo isso. Eles tiveram que ler o documento que a gente levou pedindo que o dia 20 de novembro se torne feriado, eles tiveram que ler a faixa que a Ocupação Vitória exige que onze hectares da área se transformem em Zeis[30]. A gente conseguiu tudo isso num único dia, sem aquele protocolo, sem ter que ir na câmara fazer um pedido formal. Eles se sentiram pressionados pela quantidade de pessoas que estavam na Câmara e recuaram. Acabaram lendo tudo, lendo nossas faixas, agradecendo nossa presença. A gente fez barulho dentro da Câmara.

---

29 Fundação Centro Tecnológico de Minas Gerais.

30 Zeis (Zonas Especiais de Interesse Social).

Maria Ferraz - MTST/RR

O ato que mais me marcou foi quando a gente ocupou a Secretaria da Receita Federal em Roraima, porque não desenrolava o Programa *Minha Casa, Minha Vida* e queriam coisas absurdas, só nós tínhamos que pagar o preço. Então nós nos organizamos e ocupamos o prédio da Receita Federal aqui de Boa Vista. O delegado da Receita desceu e disse assim: "nunca, em Roraima, tinha acontecido isso, juntar um monte de pessoas vermelhinhas para ocupar o prédio. Vocês têm que desocupar o prédio". Foi quando eu cheguei, me identifiquei e disse: "olha, eu sou a Maria Ferraz Coordenadora do MTST, aqui não tem nenhum bandido, nenhum vândalo, nós estamos pacificamente aqui na luta pela moradia, como também precisa da Receita Federal no projeto habitacional nós só saímos daqui com a presença do superintendente da Caixa Econômica". Foi quando ele respondeu: "aqui não é a Caixa", e eu disse: "nós sabemos, porque nós não viemos ocupar a Caixa Econômica, viemos ocupar a Receita Federal". E ele disse: "ah, mas o superintendente da Caixa não vem aqui" e eu disse: "mas eu tenho certeza que se você entrar em contato ele vem aqui para nos ouvir e, junto com você, atender nossas reivindicações". Eles saíram e ligaram para lá, vieram e fizemos a reunião. Depois que terminamos a reunião, eu disse para ele: "tá vendo, seu excelentíssimo delegado, como pacificamente, ordeiramente, a gente consegue chegar num diálogo, sem a gente ser chamado de bandido, como você chamou a gente de 'os vermelhinhos desocupados'?! Nós somos os vermelhinhos de luta, nós não somos bandidos, porque até mesmo os bandidos hoje não têm o sangue verde, nem azul e nem amarelo, têm vermelho, igual o seu também. É a cor do amor, da paixão, é a cor de quase tudo que é vivo". Foi onde ele riu e disse: "eu tô começando a gostar do Movimento" e eu respondi assim: "pois é, venha ser militante com a gente?!".

Isso me marcou, porque ele nos humilhou, mas depois ele viu que nós fomos determinados e, de repente, eu terminei uma reunião convidando ele para ser militante do Movimento. Ali ficou marcado para mim, eu tô construindo um livro que já tem duzentas páginas e isso tá lá, do que eu já sofri, o que eu passo no Movimento, que eu venho de luta, família pobre e eu torço para que antes de Deus dizer: "chegou sua hora", eu possa publicar meu livro para que fique de história para meus netos, bisnetos e pessoas que me conheceram.

Jurailde - MTST/DF

Um momento muito marcante para mim, aconteceu na ocupação que a gente teve aqui perto do P Sul[31]. A gente acampou ali e de lá saiu a nossa vitória. Muita gente chegou lá e o Eduardo Borges dizia: "é daqui que vai sair nossa vitória". E foi ali que saiu nossa vitória e nós conseguimos a nossa moradia. Foi muito marcante, todo mundo gritando de felicidade, foi maravilhoso. Nós fizemos primeiro um ato e fomos na Cohdab[32]. Depois de muita conversa, não deu muito certo. Aí em 2017, eu creio, em uma sexta-feira, nós ocupamos, quando foi sábado encheu o terreno de barraco, logo foi cercado de polícia, foi uma luta longa, mas foi dessa luta que saiu a nossa conquista, o Conjunto habitacional do MTST de Brasília no bairro Sol Nascente, em Ceilândia.

Tia Zenira - MTST/RJ

O ato mais marcante, foi um atozinho pequeno, em outubro ou novembro de 2021, na prefeitura de Niterói. A prefeitura não estava respondendo nossos pedidos para conversar. Então nós armamos a estratégia e com menos de 24 horas ocupamos a prefeitura pra eles darem uma posição pra gente sobre as nossas

---

31 Setor Sul de Ceilândia, no Distrito Federal

32 Companhia de Desenvolvimento Habitacional do Distrito Federal

casas. Esse ato aí não teve como não marcar, eu já entrei filmando, já fui com o telefone na mão. Esses atos são sempre um pouco difíceis, a gente nunca sabe o que vai acontecer direito. Mas esse da prefeitura não teve briga, não teve confusão, e logo em seguida chamaram para negociação. Os meninos subiram, eu sou da negociação, mas nesse dia eu não subi, fiquei com Júlia dando cobertura aqui embaixo, subiu o Danilo e mais duas companheiras, que fizeram a negociação com a prefeitura, e esse ano até agora eles não se manifestaram mais, a gente vai ter que ir lá e sacudir eles de novo.

Simone - MTST/SP

Outro ato que marcou muito foi no João Cândido entre 2006 e 2007. A gente foi até a prefeitura e eles se negaram a recolher o lixo da nossa ocupação. Lá nós tínhamos mais de cinco mil famílias morando, então você sabe o montante de lixo que dá tudo isso. A ocupação da gente sempre foi muito bem organizada, não existe lixo espalhado, todo mundo sabia que tinha que cuidar do seu espaço e tinha um espaço que a gente fez para colocar o lixo. A gente chegou na prefeitura e pedimos: "Vocês precisam recolher os lixos, tem muito lixo, a gente mantém a ocupação limpa, mas com o lixo lá na frente não vai resolver muita coisa porque vai dar bicho, rato, barata, e isso pode causar problema para saúde das pessoas". Só que a prefeitura não deu muita bola pra gente. Foi uma galera lá de novo conversar e nada.... era muito lixo. E os caras tirando onda, porque a gente mora aqui nos barracos de lona, eles acham que a gente é obrigado a ficar com os lixos aqui na porta? Não, não vão ficar. Todas as pessoas da ocupação que tinham seus carrinhos velhos, suas peruinhas velhas, nós vamos colocar esse lixo onde ele tem que ficar. Colocamos todo o lixo nos carros, o que coube, não dá pra esquecer desse dia nunca, hoje a gente lembra e é engraçado, mas fomos todos, uma fila de carros, despejar o lixo na porta da prefeitura. "Olha, tá aqui o lixo, vocês não vão recolher, então a gente vai retirar todos os dias e colocar aqui". Foi um momento de decisão coletiva, de todo mundo, alguém teve a ideia, chamou assembleia e é isso mesmo, eles têm que respeitar a gente, quem está aqui também paga imposto, consome na cidade, como que eles não vão retirar o lixo daqui? Então foi de comum acordo com toda a ocupação e o máximo de lixo que a gente conseguiu levar, a gente levou. E desse dia em diante a prefeitura passou a enviar um caminhão lá para recolher nosso lixo da ocupação.

Dalécio - MTST/SP

Um ato muito importante foi a marcha dos 23 quilômetros. Saímos daqui de São Bernardo do Campo às sete da manhã e chegamos lá às três da tarde. Quando chegou na ponte que atravessa para chegar no Morumbi, tinha mais quinze mil pessoas esperando, vindas das outras ocupações que a gente tinha. A gente chegou no palácio com 22 mil pessoas. Eu não era do MTST ainda, eu era apoiador. Como a gente não tinha a preocupação de estar vendo se está andando certo, devagar, ou se não está, eu fiz aquela caminhada aquele dia prestando atenção no rosto de cada um e cada uma que tava lá. Não tinha cansaço. Ninguém parava pra tirar o tênis, ninguém parava porque estava cansado. Você só via alegria no rosto das pessoas, de estarem indo em busca de um objetivo. E quando o secretário de habitação do estado subiu no caminhão de som e se comprometeu com aquelas 22 mil pessoas de que teria uma solução, e você vê aquele povo, é de uma felicidade sem fim. E outra coisa, voltar a pé, viu!? Não foi todo mundo que voltou de ônibus não. Então, quando a gente voltou, viu aquela Cupecê[33] lotada de gente voltando. Teve gente que chegou duas, três horas da manhã em casa, porque o ato acabou às sete, oito da noite, então tinha gente que quase amanheceu o dia chegando em casa numa marcha. Esse ato valeu a pena e me marcou muito. E as lutas contra o despejo aqui em São Bernardo, quando a gente se acorrentou numa casa pra não deixar a prefeitura derrubar. Quando a gente se acorrentou, dois moradores também vieram juntos, a polícia podia meter spray de pimenta na gente ali, mas essa audácia nossa, essa coragem nossa, fez com que se suspendesse o despejo.

33 É uma das mais importantes vias da Zona Sul de São Paulo, seu trajeto faz a interligação entre a Ponte do Morumbi e a Marginal Pinheiros e vai até Diadema.

4. Os sonhos de hoje e os desafios de amanhã

> Num país como o Brasil, manter a esperança viva é, em si, um ato revolucionário
>
> *Paulo Freire*

> Vejo uma trilha clara pro meu Brasil, apesar da dor [...]
>
> *Caetano Veloso*

Olhar para a periferia das grandes cidades brasileiras significa, entre outras coisas, enxergar nelas o convívio tenso entre as privações cotidianas e o desejo de superá-las. É nesse contexto que a pergunta "como seria a sociedade dos seus sonhos?" ganha sentido em um livro como este. Diante de um presente duro e violento, a esperança, aliada da luta social, é projetada em um futuro que alimenta a possibilidade de alcançar amanhã as vitórias que não puderam ser conquistadas hoje. É nesse cenário que as dificuldades são vivenciadas com a força e a disposição de quem é capaz de sonhar e se levantar para construir um futuro que seja melhor que o presente. A convivência incentivada pelas atividades cotidianas do MTST ajudam a construir, pouco a pouco, uma imaginação, forjada na luta, que jamais perde de vista a possibilidade de uma vida com mais direitos, mais respeito, sem desigualdades e com respeito às diferenças. Por isso, no Movimento, o sonho é um dos combustíveis da luta, é a linha que costura os desejos retalhados por uma realidade opressora e desigual. Um dos principais modos de prosseguir nesse desafio constante de aproximar diferenças e reunir histórias de vida é jamais diminuir o valor dos sonhos de quem constrói a luta. Nesse sentido, vale ressaltar, nem sempre o nível de exigência dos sonhos do povo converge com as expectativas de lideranças políticas ou de teóricos bem intencionados. No entanto, e isso é fundamental, deve-se ouvir e respeitar a voz de quem sofre permanentemente as opressões típicas das periferias. É nela que estão sedimentadas as experiências mais profundas de quem precisa viver a realidade da pobreza urbana. Respeitar essas vozes e aprender com elas é um gesto de generosidade que carrega um enorme potencial político transformador, e pode ser também um poderoso remédio indicado para quem projeta expectativas emancipatórias de laboratório. Os sonhos do povo têm o alcance que a violência histórica e as opressões cotidianas permitem que se tenha. Contudo, e isso é absolutamente fundamental, o MTST também cultiva um campo fértil para a experimentação, ampliação e reelaboração desses sonhos. Esse é o caminho que permite tornar possível amanhã o que hoje aparece como inalcançável. A luta por tornar real o que parece impossível é travada sem dar as costas para os obstáculos imediatos impostos por um presente hostil e violento. Os contornos que esses sonhos adquirem concretamente é o que será apresentado nos testemunhos reunidos neste capítulo.

Qual é o tamanho dos nossos sonhos?

Isaura - MTST/RS

Na sociedade dos meus sonhos, eu ia fazer uma baita de uma casona bem grande e botar as pessoas que moram nas ruas para dormir. E teria uma baita de uma mesa grandona, com banco para o pessoal poder comer que nem gente, sentadinho direito. É esse que é meu sonho.

Elza - MTST/SP

A sociedade dos meus sonhos seria de igualdade. Todos viveriam como eles querem viver, independente de sexo, de cor, de raça. Não teria maldade, não teria ódio. Eu não quero uma mansão. Eu quero uma casinha, dois quartos, pra mim tá ótimo. Eu não quero um iate, mas eu quero ter uma canoa. Então, independente do que o outro queira, que ele tivesse acesso e fosse livre. Mesmo aquele que tenha uma canoa, que ele também pudesse comer o quisesse, vestir o que quisesse, porque a gente não é igual. Alguns têm expectativa de ter joias, de ter aquele vestido bonito, mas tem outros que não estão afim, querem é pôr o pé no chão, vestir um shorts simples e ir caminhar. Eu queria que essa liberdade de respeitar o outro, o que o outro deseja, desde quando não se faça mal pra ninguém, fosse pra todo mundo. Não precisa ter violência, e sim a gente curtir a vida do jeito que o nosso espírito gosta, do jeito que a gente gosta. Alguns gostam de vinho, outros gostam de cerveja, outros gostam de pinga. Beleza! Mas é isso, é só isso. Um quer morar no 10º andar, outro não quer, quer morar numa cabaninha vendo o mar.

Edson - MTST/SP

A sociedade dos meus sonhos não teria dinheiro. Eu acho que quase tudo de ruim que a gente passa é por conta do dinheiro. É o dinheiro que obriga a gente a passar por essas coisas. Primeiro ponto: a gente ia bolar algum esquema pra não ter dinheiro. O sistema de trocas e recompensas devia ser outro, mas não por dinheiro. A pessoa não precisa colocar o valor num pedaço de papel. E as pessoas não precisam pensar que quem tem um pedaço de papel, que tem o valor, tem poder. Se a gente construísse uma sociedade assim já estaria encaminhado. Sobre isso eu queria deixar um verso:

Vinte e cinco anos de história junto a periferia,

Gente pobre, carente e sem-teto, a maioria.
Morando de favor, situação de rua,
sonhando com uma chance igual à sua.

Rogério - MTST/GO

A sociedade dos meus sonhos era que todo mundo vivesse como indígena, que vivesse nas cidades ribeirinhas, próximas dos rios, das florestas, que as pessoas pudessem aprender a viver diretamente dentro da natureza, essa é a sociedade dos meus sonhos. Politicamente falando, eu acho muito difícil, porque você tem os grupos ricos e os super ricos, uma classe média e uma classe muito pobre, mas se fosse pra eu ser um governante, eu governaria e as posições seriam em forma de plebiscito. Eu poderia levar as propostas para Câmara, para o Senado, pras instâncias, mas aí eu chamava elas para a decisão popular, abrir um debate na sociedade inteira, que aí eu não iria governar sozinho, governaria junto do povo. Pra mim o que é importante é que, no meio de toda essa dificuldade que nós temos, nós podemos construir, dentro do Movimento, figuras políticas que têm o mesmo pensamento, a mesma indignação que eu. Nós temos nosso companheiro Guilherme Boulos, que é um cara que vem dessa classe média, um cara que tá junto com a gente no barro, na lama, e que não é só um sonhador, ele é um cara que trabalha diretamente no objetivo dessa construção. Eu espero que o MTST faça muitas lideranças que tenham pensamentos de mundo como esse. Mas eu me orgulho muito dos nossos companheiros militantes do MTST. Eu me orgulho muito de todos eles, principalmente das mulheres, viu? Me orgulho demais das companheiras mulheres lideranças do movimento!

Simone - MTST/SP

Eu sonho todos os dias da minha vida, e vou sonhar até partir desse plano para o outro, com a igualdade. Eu fui questionada uma vez, por uma pessoa no Facebook, quando eu fiz uma viagem e postei uma foto, fiquei dez meses pagando o carnezinho de um vôo para Porto de Galinhas e essa pessoa falou assim: "olha a cara da comunista safada que fica pregando o socialismo e fica aí curtindo praias caras". E eu pensei assim: "cacete, as pessoas julgam a gente, que eu faço parte de um movimento social, do MTST, trabalhei o ano inteiro e comprei uma passagem pra eu e o meu marido conhecermos Porto de Galinhas e o cara tá aqui me xingando por causa de uma foto". Aquilo ficou me remoendo. Não respondi na hora, mas pensei que aquilo era errado. Depois eu entrei e falei assim: "primeiro, com que direito você tem de vir aqui fazer esse tipo de comentário? Meu sonho é a igualdade, eu luto para que todas as pessoas possam pegar um vôo, nem que seja como eu que tô há dez meses pagando a minha passagem, e poder passar uma semana em Porto de Galinhas para poder conhecer aquelas praias lindas e maravilhosas. Eu luto para que todas as pessoas possam ter isso, e não o contrário, que só eu possa ter e outras não possam ter acesso. Eu luto para que todas as pessoas possam ter acesso a tudo." Aí ele começou a digitar coisas e eu tive que bloquear. Então o meu sonho é uma sociedade em que todo mundo possa escolher livremente o que comer, possa passear igual, possa escolher, se ela quiser, um telefone igual o que o outro tem, onde todo mundo possa viver bem. O que não dá pra aceitar é que toda a riqueza do nosso país fique presa nas mãos de algumas famílias e o restante das pessoas fique apenas com o que eles deixam respingar. Pra mim a igualdade social é o sonho que a gente está lutando pra um dia conquistar.

Quem mais sofre entre os que sofrem é quem mais sonha entre os que sonham

Maria Ferraz - MTST/RR

Eu construiria uma sociedade de mais respeito às mulheres, de mais respeito à população pobre, à população negra, à população LGBTQIA+, à mulher do jeito que ela quisesse ser, então eu, com certeza, lapidaria muitas coisas para que nós, mulheres, tivéssemos o direito de voz e dizer que temos que estar onde quisermos. Eu também gostaria de dizer que a gente precisa de um Brasil que não tenha corrupção, principalmente. Só os ricos que têm direito as coisas e o pobre não, gostaria que fosse igualitário, do jeito que um tem direito, o outro também, para a gente poder andar junto, sem ter homofobia, sem ter desprezo por ninguém.

Elaine - MTST/AL

Seria uma sociedade onde todos tivessem direitos iguais, salários iguais, que vivessem todos iguais. E nessa sociedade que eu queria construir, teria que ser uma sociedade onde as mulheres tivessem participação em tudo, porque a maioria que está sofrendo com tudo isso são as mulheres, e as mulheres pretas e as mães solteiras largadas, ou abandonadas por aqueles que declararam carinho e amor, profundamente, pro resto das suas vidas. Ou que fugiram de seus agressores, ou foram expulsas de seus lares pela ignorância dos seus pais, e acabam na rua. Então, as mulheres tinham que ser maioria nessa governança dessa nova sociedade. É isso que eu queria. Sociedade que todo mundo vivesse igualitário. Vivendo bem! Que ninguém ganhasse mais do que ninguém! Todo mundo igual! Era isso. Onde não faltasse pão, nem casa e nem terra pra ninguém, nem trabalho faltasse pra ninguém. Nessa sociedade ninguém poderia ter mais do que o outro, as riquezas teriam que ser divididas por partes iguais. Nessa sociedade as pessoas não poderiam estar dormindo na rua, sem um teto, sem comida. Nessa sociedade as pessoas não passariam o que passam aqui em Alagoas, que tem hoje 282 mil pessoas que passam 24 horas sem pôr nada na boca. Para mim, é muito doloroso ouvir isso, porque eu já passei pela fome, eu já vivi ela, eu venho dela, eu sei o que é isso. Eu queria construir uma sociedade de igualdade, de afeto e de solidariedade, porque a gente só vai saber o que o outro está sentindo quando a gente olhar pra ele de verdade. Jesus nos ensinou no passado o valor da caridade, e caridade não é dar esmola, caridade é ter amor e compaixão pelas pessoas. E é isso que o Movimento nos ensina, ser solidário é você sentir amor pela outra pessoa, é viver a dor da outra pessoa, é você se colocar no lugar de outra pessoa. Nosso país está vivendo uma fome grande, a carestia e o desemprego.

Eu também quero dizer que a gente pode mudar o mundo sim! O Movimento é exemplo disso. O Movimento tem construído, no Brasil inteiro, esse espaço de solidariedade e de democracia, de afeto e de compreensão, cuidado pelo direito à vida. A gente pode, basta a gente se organizar. Não tá fácil! Não será fácil! Acredito que a gente ainda vá viver um bom tempo, quem sabe daqui uns cinco, seis ou dez anos, a gente não sai do sufoco que a gente tá vivendo, causado pela política negacionista. Mas a gente precisa resistir, a gente precisa estar de mãos dadas em cada canto desse país, pensando no menor, pensando que a gente é capaz de vencer todo esse retrocesso que a gente passa. Talvez eu não consiga ver essa sociedade que eu penso, uma sociedade mais humana, mais igualitária, mais socialista, mais fraterna, de mais união, onde as pessoas sejam respeitadas, onde as pessoas sejam aceitas como elas são, mas quem sabe os meus netos ou meus bisnetos vejam isso. Eu pelo menos estou fazendo minha parte agora. Estou aprendendo e ensinando aquilo que já aprendi todos os dias com meus companheiros e minhas companheiras, a construir esse mundo diferente que a gente precisa defender.

Maria Clara - MTST/AL

O Brasil dos meus sonhos, o mundo dos meus sonhos é onde todas as pessoas tenham a mesma oportunidade, seja de uma graduação, seja de ter uma moradia, seja de ter uma saúde de qualidade, um tratamento específico para sua doença, que muitas mulheres não sofram violência, eu falo isso porque eu já sofri na pele, e foi o Movimento que abriu meus olhos. O Brasil dos meus sonhos é um Brasil em que as pessoas sejam felizes, que tenham pelo menos condições de vida melhores, porque você trabalhar tanto e no fim do mês não poder comprar um botijão de gás, não ter direito a lazer, não poder comprar uma roupa pra poder vestir os seus filhos, um leite para dar pros seus filhos, será que esse país está certo? Ai eu pergunto: que país é esse? Seria maravilhoso se todos tivessem as mesmas oportunidades e condições de vida.

Jo - MTST/RJ

Se eu tivesse esse poder de construir a sociedade dos meus sonhos, eu pensaria nas empregadas domésticas, dar uma vida melhor, um lar melhor, ajudar as companheiras. Se nós somos domésticas, não somos muito valorizadas. Falta muita coisa para uma pessoa que trabalha na casa da outra ser reconhecida. Não é só uma carteira assinada que faz uma empregada, eu acho que o que faz a gente é o dia a dia, que a gente trabalha na casa das companheiras, das mulheres, que é mulher igual a gente. Se eu tivesse esse poder, eu melhoraria a vida das empregadas domésticas, das mulheres que necessitam mais, das mulheres mais sofridas e que passam necessidades por conta da desigualdade. Eu melhoraria a vida das mulheres que vivem na rua, que às vezes já foram mães, às vezes já tiveram uma vida boa, mas às vezes os problemas chegam, fazem você cair. Às vezes muitas não têm força de se levantar e ali mesmo ficam. Eu acho que se eu tivesse o poder de mudar o mundo do meu jeito, eu ia ajudar as pessoas bem mais carentes, as mulheres mais necessitadas que existem aqui no nosso Brasil. Esse seria o meu diálogo, o meu duelo seria ajudar as necessitadas. Se eu tivesse um jeito de abrir uma casa, uma porta, ajudar essas mulheres que mais necessitam, eu ajudaria. Eu sou muito do lado das mulheres necessitadas, eu sou uma delas, mas eu trabalho, tenho minha casa, tenho meu lar, graças a Deus, mas muitas não têm e às vezes não conseguem se levantar porque precisam de um apoio, de uma sacudida. Se eu tivesse um espaço sobrando, eu chamava, eu pensava, tentava ajudar, tentava arrumar um emprego para essas pessoas que necessitam.

Lilian - MTST/SE

Eu acredito que uma sociedade melhor não é questão de riqueza e sim de dignidade. Se eu pudesse, o mundo dos meus sonhos teria moradia pra todo mundo, para todas aquelas pessoas que necessitam. Teria também alimento sempre na mesa. Nunca faltaria comida e educação. É uma das coisas que eu acho que piorou muito, já era ruim e com o governo que entrou ficou pior. Hoje em dia, quando eu presencio crianças fora da escola e passando fome, é uma das coisas que mais me doem. Se eu pudesse, realmente, no mundo dos meus sonhos teria comida no prato de todo mundo. Mas isso não é só sonho não. Eu queria dizer também que, enquanto houver vida dentro de mim, eu sempre estarei na luta. Eu já fui muito discriminada por ser mulher. Essa é a questão que mais me dói. Mas ninguém vai me parar. Eu vou estar sempre ali. Não adianta, não vão me derrubar, seja quem for, porque tem gente que olha pra você, acha que você é fraca, mas você sabe que não é. O Movimento me acolheu, o Movimento me ajudou a subir degraus. Hoje eu agradeço por tudo que eu já vivi lá dentro e pelo que aprendi também, tô muito feliz com isso, e é como eu te falei: ninguém vai me derrubar!

Creuza - MTST/SP

Seria maravilhoso, não teria nada de crime, não teria gente passando fome, não teria pessoas na rua fazendo reciclagem para levar o pão pra sua mesa, não teriam pessoas chorando na fila pra poder passar num médico. Seria totalmente diferente, todos teriam direitos iguais, porque hoje eu vejo que o governo só governa para a burguesia. Se eu tivesse que mudar alguma coisa, seria que todos tivessem os mesmos direitos, todos! Os ricos, os pobres, teriam que ter os mesmos direitos, porque somos todos seres humanos. Uma coisa que eu ouço muito quando a gente está discutindo alguma coisa em família, de política, de socialismo, de tudo, a gente sempre fala: "pra que a gente vai discutir por uma coisa que a gente não vai conseguir levar, e a gente vai pro mesmo local que o pobre e que o rico... a gente vai pros sete palmos, a gente não poderia ter essa diferença". Eu acho que a mulher tem que ganhar o mesmo, a mulher tem que trabalhar no que o homem trabalha, e hoje eu já vejo em alguns locais mulheres trabalhando de pedreiro. Eu acho isso lindo, se eu pudesse eu faria isso, sabia? Mas infelizmente minhas condições de saúde não permitem. Hoje eu vejo, como mulher, que poderia estar fazendo muita coisa dentro da minha casa, se eu tivesse tido oportunidade de me formar. Acho que todas as mulheres têm que ocupar todos os espaços! E a gente tem que lutar pra isso, porque infelizmente a gente não vive nesse país ainda, em que a mulher ocupa todos os espaços.

Patrícia - MTST/SP
Eu nunca parei pra pensar sobre a sociedade dos meus sonhos. Mas eu acho que deveria ter uma qualidade de acolhimento para as mulheres que sofrem violência, muito mais qualidade para elas, porque hoje elas não têm recursos, não são reconhecidas na sociedade. Sempre que acontece de elas sofrerem violência em casa, elas vão pra delegacia, muitas são motivo de chacota, pedem medidas protetivas, mas isso nunca ajuda em nada e quase nunca funciona. Também deveria ter mais acolhimento para LGBTQIA+. É isso, é que eu nunca parei para avaliar assim, mas acho que é isso, mais acolhimento para as mulheres, mais educação, mais saúde, mais transporte, educação digna, acho que a minha sociedade seria mais ou menos isso.

Sonhos de igualdade, justiça e direito só se realizam com a luta!

Márcia - MTST/MG
Na sociedade dos meus sonhos eu queria que as pessoas tivessem os direitos iguais, o direito de moradia, o direito à saúde, que um aposentado comum tivesse os mesmos direitos de um aposentado do Ministério Público. Às vezes eu fico indignada com o auxílio paletó e com o auxílio moradia que eles têm, enquanto a maioria não tem esse direito. Que as pessoas tivessem dignidade, que as pessoas fossem reconhecidas pelo trabalho delas, que toda criança, tanto negra quanto branca, tivesse as mesmas condições de estudar, porque o fato de ela ser negra não significa que ela é menos inteligente que a outra, mas ela teve menos recursos para estudar devido ao racismo que ela so-

freu.. O esporte, a educação, deveriam andar juntos, porque com o esporte e a educação a gente teria menos crianças envolvidas com drogas... Nossa, é tanta coisa que a gente poderia mudar... O salário das pessoas, que elas fossem reconhecidas mesmo. É muita coisa que a gente poderia mudar. Hoje a gente vê as pessoas morrendo por falta de saúde, por falta de alimentação, enquanto muitos estão jogando comida fora. Eu poderia falar com você durante horas sobre quais seriam meus planos. A gente tem muito que mudar, a nossa luta não é só moradia, é uma luta pela dignidade das pessoas, ainda somos fracos pra mudar essas coisas, mas acho que com a luta a gente vai vencer esses obstáculos. É isso. Meu sonho é que o nosso Movimento cresça a cada dia mais e mais, e que a gente consiga militantes que possam gritar mesmo, que possam carregar a bandeira do MTST no peito, e dizer: "eu sou MTST, eu quero, eu vou, e tem que nos respeitar, e tem que nos aceitar". Meu sonho hoje é esse, que o Movimento cresça, e que a gente consiga mostrar para as pessoas sua importância, o que é o Movimento, para que ele veio, para que ele existe e, o mais importante, a necessidade que nossa bandeira exista no Brasil de hoje.

Luciana - MTST/SP

Na sociedade dos meus sonhos a renda seria distribuída de forma justa para as pessoas. Eu acredito que tem que ter trabalho, que as pessoas têm que trabalhar, tem que ter moradia, a gente tem que ter um governo onde a gente participe, onde a gente tenha as nossas opiniões, eu acredito que a gente tinha que participar desse governo e que seja socialmente justo para todos. Infelizmente o Brasil voltou para o Mapa da Fome, e uma das coisas que eu iria exigir nesse governo é que ninguém mais passasse fome. Se eu levar você ali, você vai ver gente que não tem nem banheiro, que ainda vive no tempo da fossa. Em um governo em que a gente tem participação popular a gente constrói trabalho, políticas públicas, direitos das mulheres, a gente tendo participação, tendo voz as coisas podem andar melhor.

Edvane - MTST/SP

Na sociedade dos meus sonhos eu não veria mais ninguém passando fome, porque é triste ver o povo passar fome, por causa do último governo, está mais triste ainda. Eu daria moradia para as pessoas, eu teria um país mais família, mais amor, união, eu mudaria, não queria ver o povo sofrendo como está sofrendo desse jeito. No meu ver, o povo não poderia estar sofrendo desse jeito. Olhar e ver pessoas chegando, dizendo que estão passando fome, dizendo que moram na rua, não tendo onde morar, pedindo para morar debaixo de uma lona preta. Essa situação, que a gente vê nas nossas ocupações, isso não existiria. Não seria como é, eu não deixaria o povo sofrer tanto como está sofrendo. Isso é o que me move dentro do MTST. Porque eu tenho um fio de esperança em uma mudança geral, temos esse poder de mudar e transformar tudo, se eu pudesse eu não veria mais ninguém passando fome, mais ninguém tendo que morar debaixo da lona. O importante para mim é saber que eu tenho uma família como MTST, eu tenho os meus companheiros de luta para enfrentar todos esses problemas. E que juntos somos mais fortes, isso é certo.

Janja - MTST/PE

Na sociedade dos meus sonhos teria coisas que em outros países têm e aqui não tem, que são os direitos, de todo mundo ter direito, amar o próximo, ter o pão de cada dia, a gente ter direito ao trabalho, à dignidade, à felicidade. Mas hoje em dia a gente tem que lutar para ter isso, nossa casa, nosso trabalho, nossas conquistas, mas na sociedade dos meus sonhos a gente não precisaria correr atrás de nada disso, a gente teria tudo isso. Eu sempre tive um sonho de ter uma casa para ter um espaço que eu pudesse plantar. Então eu fui participando com o Movimento, eu participo de reuniões e atividades de agricultura urbana, onde eu faço um projeto de agricultura nas comunidades, na ocupação, nas cozinhas solidárias, na 8M[34], aqui na comunidade onde eu moro. Enfim, eu já andei entre vários espaços e sempre sentia um vazio, eu queria algo para completar esse vazio e encontrei isso no MTST.

Joana Gama - MTST/MG

Eu sempre coloco assim, se eu tivesse o poder de transformar a sociedade, o meu sonho era que todo mundo tivesse o direito de moradia, o direito de ter sua comida na mesa, direito de toda criança estar na escola. Hoje, se eu tivesse o poder nas minhas mãos, essa transformação eu faria, todos os menos favorecidos teriam o direito de comida na mesa, uma casa digna para morar. Se eu tivesse um poder hoje na mão, eu transformaria em mais moradia, educação e comida. O MTST é uma forma de conseguirmos realizar esse sonho. Eu quero que fique registrado que o Movimento é luta, então eu sou luta. Eu também gostaria que ficasse registrada nossa luta pela regularização do bairro Fidel Castro[35]. Eu queria ter o poder de chegar até essas autoridades que têm o poder de pegar a caneta e colocar a liberdade do povo, o povo aqui se sente preso na imaginação. A dona Joana é o Movimento, a dona Joana é o povo e nós estamos aí

---

[34] A ocupação Oito de Março (8M) fica em área nobre na Zona Sul de Recife, na região de Boa Viagem. No momento da ocupação, o terreno que pertence a uma grande incorporadora, acumulava mais de 500 mil reais em dívidas com o município e com a União.

[35] Região onde se localiza a ocupação Fidel Castro em Uberlândia/MG.

lutando para isso, para essa mudança, para que possa realizar o sonho não só meu, mas de mil e poucas famílias que estão no Fidel, não só no Fidel, mas todas ocupações que resistem, que os governantes possam olhar não só pelos ricos, mas pela classe pobre, que está aí sem ter o direito de sonhar amanhã. Que isso possa ser registrado e que quando esse livro chegar na mão deles, eles possam estar olhando que aqui fora tem uma pessoa que não pensa só nela, mas também nas classes menos favorecidas.

Juraílde - MTST/DF

Se eu pudesse construir a sociedade dos meus sonhos, eu ia dar muita casa para o pessoal, ia reunir e chamar o MTST e pegar aquelas famílias que estão precisando e fazer uma cidade linda. Dar condições para elas viverem felizes e comerem melhor, pelo menos para ter um arroz, um feijão e uma mistura na mesa. Não seria essa cidade que é hoje, eu transformaria isso aqui em um mundo melhor. Primeiro eu tiraria todos esses governos corruptos desse lugar, não queria nenhum, mudava tudo, tirava tudo para depois escolher outros mais comprometidos com a luta do povo. Bom, acho que é isso.

Maria - MTST/SE

A sociedade dos meus sonhos teria as cores verde e amarela, as cores do nosso país. Mas teria mais amor, mais respeito, teria mais dignidade, menos injustiça e mais solidariedade. Todas as pessoas teriam que ter o seu cantinho pra morar. Os políticos deveriam olhar mais para os terrenos abandonados. Eu sei que a gente não tem o direito de tomar aquilo que pertence às outras pessoas, porque eu sei que a maioria das pessoas lutou para construir o que tem. Mas o meu pensamento é o seguinte: se eu tenho um terreno que tá abandonado, que não tem serventia nenhuma, ele está lá só crescendo mato e servindo para coisas ruins, depósito de lixo, eu acho que a gente deveria usar esses lugares para construir moradias para as pessoas necessitadas. Pra terminar, eu queria dizer para os jovens que a vida é bela. Eu queria pedir para que eles não se destruíssem nas drogas, porque as drogas destroem não só os jovens, mas toda nossa família e as famílias dos outros. Eu vivo o dia a dia com muitas famílias que passam por essa situação. Por isso eu peço para os jovens terem mais amor a si mesmos, aos seus pais, mais amor na própria vida que foi Deus quem deu. Nós temos um futuro lindo pela frente, não podemos destruir por algo que não vale a pena. Eu queria pedir que os jovens se amem mais porque a vida é bela.

Ediane - MTST/SP

A sociedade dos meus sonhos é uma sociedade sem racismo e que o trabalhador tenha direitos. Não só de trabalhar e viver à margem da sociedade. Uma sociedade onde você não tenha que mendigar direitos, porque a gente tem que lutar. Se para o direito se realizar a gente tem que lutar, então a luta é mais importante do que o direito. Se os direitos existissem de fato, eu teria direito sem ter que mendigar, sem ter que lutar por eles. As ocupações têm isso. Quando eu me encantei pelo Movimento, foi quando eu entrei numa ocupação e eu resgatei lá atrás, lá no Nordeste, onde você anda e todo mundo te conhece, todo mundo fala com você, você conhece todo mundo. É um resgate da sociedade que foi morta, que não existe, que o capitalismo vai lá e acaba, nos divide, coloca cada um por si e Deus por todos. Na sociedade dos meus sonhos as pessoas têm consciência de classe. Com consciência a gente avança, não é? A gente não aceita as injustiças e fica calada. A gente luta junto.

Sempre bato nessa tecla, porque a gente tem muita dificuldade com transporte público, porque aumentou muito e a gente não consegue pagar a passagem, ou você paga a passagem ou você come, porque daqui pra lá são cinco reais. Eu sempre coloco o seguinte: se o transporte é público, então porque que a gente não tem o direito de usar? É um questionamento que a gente faz direto. Quantas mães de família estão por aí e não conseguem? Às vezes deixa de ir pro médico, deixa de ir pra algum lugar por causa do transporte, que deveria ser público, deveria atender todo mundo e não atende, atende quem tem dinheiro. Quem não tem não é atendido. A gente está vivendo agora na pandemia, e já é um caso que vem se arrastando ao longo do processo, a gente vê posto de saúde no sufoco, lotado. Teve uma amiga minha que ficou dez horas aqui na rua, esperando atendimento. Dez horas esperando atendimento! E você olha pro pessoal do atendimento e eles falam: "não, mas é assim mesmo". Então se eu chegar com um caso grave a pessoa morre aqui, esperando atendimento. Na sociedade dos meus sonhos, isso não existiria. Que de fato a gente tenha direitos, tenha acesso. A gente vive sem acesso, nenhum. Nós vivemos num país que come ossos, que vende ossos. É um auxílio emergencial eterno, porque enquanto não mudar essa política pública, tem que ser um auxílio eterno. As pessoas não têm garantia de trabalho, não existe. Que mude essa realidade das pessoas, de fato. É preciso ter investimento nesse país, que a gente consiga trabalhar, que a gente consiga sair da sua casa e falar assim: "eu vou trabalhar, eu tenho um trabalho digno, e vou voltar", porque do jeito que está, não dá. Eu sonho com o dia em que as pessoas entendam que existe uma luta de classes neste país, e que as Ocupações do MTST vêm para ajudar a lutar pelos direitos que foram arrancados, como o direito à moradia digna. Mas não só a moradia é importante, a luta de classes nos obriga a lutar pela saúde, pela educação, por qualidade de vida, por melhores salários, a gente precisa lutar por tudo. Só assim a sociedade começa a nos enxergar como seres humanos que estão fazendo o que o governo não faz, a gente tá lutando pelo que está na Constituição. Mas a gente vive num país em que nos tiraram tudo, inclusive o direito de entender que essas lutas existem. É um Brasil dentro de vários "Brasis". Eu queria muito que as pessoas começassem a enxergar e a entender que cada barraco de uma ocupação é um sonho, é uma esperança.

Gilvânia - MTST/SP

Antes de falar sobre a sociedade dos meus sonhos, eu queria deixar registrada minha indignação com a falta de políticas públicas no nosso Brasil. Por que é dessa forma? Por que não se faz alguma coisa pra mudar? Por que é tão esquecida a periferia, o povo pobre? Por que o esquecimento total de uma parte do povo que são as pessoas que constroem, que mobilizam, que levantam o país?

Por isso, o mundo dos meus sonhos seria muito voltado para os jovens, porque os jovens são o futuro. Amanhã, quando eu estiver velhinha, sem poder fazer nada, sem poder andar, os jovens vão nos ajudar. Então, eu acredito nos jovens. Eu acho que o país dos meus sonhos seria com um olhar maior para essa juventude. Tem uma juventude que tem consciência, mas tem uma juventude que tem um histórico familiar que não tem nem como... Porque o histórico familiar que eles têm de violência, de abandono, leva eles a reproduzir o que eles vivem. Então eu acredito que a gente deveria investir muito nessa juventude, porque é o nosso futuro, é o nosso amanhã.

Tia Zenira - MTST/RJ

Seria não ver ninguém passar fome, seria ver as pessoas ganharem um salário digno para se manter, sem precisar estar passando o que passam hoje, dormindo embaixo de marquise, ninguém brigando com prefeito, com os governantes, direito a uma moradia, esse seria meu maior sonho. Eu sempre falei: "o dia que eu ganhar na loteria, eu não deixo uma pessoa na rua". Não é que eu vou dar dinheiro e que eu vou dar comida pra eles não, vou dar trabalho, porque você tem que plantar pra você colher, porque se você planta você colhe, você não pode plantar o cravo e querer colher jasmim, você não pode plantar rosa e querer colher jasmim, não. O jasmim não tem espinho, a rosa tem espinho. Aí temos dois caminhos, um de flor e um de espinho, você vai em qual deles?

Doris - MTST/CE

Acho que a gente tem uma perspectiva de eliminar algumas coisas que a gente sabe que são mazelas sociais, como a fome, como dar teto às pessoas, trabalho digno. A gente precisa fazer uma distribuição das riquezas. Do ponto de vista de as pessoas terem acesso a bens necessários, uma sociedade em que a gente tenha o mínimo de relações mais humanizadas. A gente tem isso não só como sonho, mas como uma meta: construir uma sociedade que consiga fazer com que as pessoas possam viver bem, que a gente não tenha necessidade de fazer grandes ocupações para garantir o direito básico que é um teto. De certa forma, a gente vive isso, a gente sente que as pessoas querem viver numa sociedade mais igualitária, mais equitativa. A gente precisa, minimamente, ter isso como perspectiva. No Brasil essas mazelas são mais descaradas, a gente vê quem está na cidade grande, nas capitais, a gente vê que a coisa é muito grave, desde a situação da moradia até a situação da violência, a situação do emprego, enfim. Isso tudo tem mais impacto nas grandes cidades, então uma sociedade que a gente quer construir teria que sanar esses problemas de imediato, só assim a gente poderia construir algo mais agradável, mais humano.

Tia Cida - MTST/SP

Primeiramente um mundo de igualdade, um mundo melhor. Se eu tivesse esse poder de mudar, eu mudaria sim, para que a gente tivesse um mundo de igualdade. Tem tantas coisas que eu mudaria, acabava com tudo, só deixava a igualdade: você ser igual a mim, eu ser igual a você, não ter diferença entre um governante e um sem-teto. Acho que eu mudaria isso, e acho que é isso que os meus filhos querem muito, ter uma vida de igualdade. Tem muita gente que fala: "a gente nunca vai conseguir igualdade". Mas eu falo: "um dia, talvez eu não, você não, mas tem os nossos filhos e tem os nossos netos, e é pra isso que a gente tem que lutar". O meu primeiro pensamento em mudar seria isso. A gente tem que ter direitos iguais, ter direito a comer, a morar, ter direito a ir no médico, ter direito a uma medicação, a uma cirurgia, ter direito ao remédio, ter direito à vida. É isso que a gente busca muito. Eu sempre falo aqui em casa que o que a gente tem que fazer, a partir de agora, é sobreviver, é tentar sobreviver porque está muito difícil. Mas com a força da nossa luta a dificuldade não vai durar pra sempre.

Andréia - MTST/SP

A sociedade dos meus sonhos seria um lugar onde todo mundo tivesse as mesmas coisas. Acho que a ideologia tem que partir de cada um, mas deveria ter mais igualdade, muito mais amor, muito mais respeito pelo próximo. Uma sociedade onde todos tivessem direitos. Hoje, se você for ver, alguns têm menos, outros têm mais, mas também tem aquela questão de as pessoas não entenderem o que é direito. Eu acho que o melhor dos mundos é meio complicado de a gente construir, porque a gente tem que falar dos deveres, tem que falar dos direitos. Nem todo mundo está disposto a cumprir deveres, mas o melhor dos mundos na minha concepção de sociedade é que todo mundo tivesse os mesmos direitos e deveres e tivéssemos igualdade.

Fernanda - MTST/PR

A sociedade dos meus sonhos é justa, tem direito à escola, creche sem burocracia, não tem demandas de filas, filas e mais filas. Cartão de crédito o pobre já tem, mas de que adianta? Por tempo limitado não adianta! Os juros tinham que ser mais baixos. Uma dificuldade muito grande que se tem é limpar o próprio nome. A parte mais importante da dignidade do ser humano é o nome dele.

A gente não se nega a pagar! A gente é trabalhador! A gente só precisa ter condições. Como a gente não tem, infelizmente, a gente leva esse cartaz de invasor, de ocupante da terra dos outros e essas coisas aí. Acabam criando a imagem do pobre como se fosse tudo ladrão e vagabundo. A sociedade dos meus sonhos teria que tirar essa imagem, esse capuz que a sociedade impõe. O fato de a gente não ter acesso a dinheiro como eles têm nos impõe essa imagem de trambiqueiro, vagabundo, mas o trabalhador não tem isso, não. Dificilmente o "superior" lá nos chama de trabalhador, é sempre "os vagabundos", umas coisas assim. A sociedade ideal para mim tem que ser justa para todos, seja rico ou pobre, não poderia ter essa diferença de burguês de um lado e favelados do outro. Todo mundo por igual, mais ou menos como o cristianismo manda. Não é só irmão de sangue, é irmão de parte de Deus pai todo poderoso, não irmão de bolso, nada disso.

Clayton - MTST/SP

O mundo dos meus sonhos é ver o nosso povo, o povo periférico, tendo no mínimo o título de posse da sua casa, que levou anos para construir, que deixou de comprar uma bandeja de ovos pra comprar uma telha, é a gente ter os córregos canalizados, toda essa questão de estrutura, de parte elétrica, aterrada, ter o céu limpo. Ter uma rua limpa, acho que esse é o mundo que a gente imagina assim, muito louco, mas é isso. O mundo dos sonhos é ver a classe trabalhadora, o povo periférico, ter o título de posse da sua moradia, isso é o mínimo, isso é o básico.

Débora - MTST/SP
A sociedade dos meus sonhos seria um país onde todo mundo tivesse o que comer, que não existisse fome. Seria um país onde todo mundo tivesse uma casa, um país onde todo mundo tivesse acesso a uma educação de qualidade. Quando falo "uma educação de qualidade" eu quero dizer que é a educação que os colégios particulares têm, que o pobre da periferia também tenha. Uma educação em que todos também tenham acesso ao curso superior e a desconstrução dessa lógica onde o pobre estuda o fundamental e o médio em escola pública e não consegue acessar o superior, a não ser em particular, e onde o rico estuda o fundamental e o médio em particular e o superior em pública. Seria um país onde isso não existisse mais, que tanto a educação do ensino fundamental, médio e superior fossem igualitárias para todos. Um país em que todos tenham acesso à saúde de qualidade, onde o dinheiro não manda e as pessoas consigam fazer todos os seus tratamentos independente da sua condição financeira. Isso é o básico pra mim: comida, moradia, saúde e educação, isso é o pilar de uma sociedade igualitária, é o mínimo que o cidadão merece pra ter uma vida de qualidade.

Bete - MTST/SP
Meu sonho é moradia, trabalho e educação para todos. Um Brasil que é tão rico em alimento que leva daqui pra fora, bons educadores que não são valorizados, pessoal da educação, do

SUS, que não tem um pingo de valor. Esse é meu sonho. Um Brasil que o povo possa ter alimentação no prato para dar para os seus filhos, uma moradia digna, um trabalho digno que chegue numa certa idade e não ter que ficar numa fila de INSS implorando por uma aposentadoria. Porque os corruptos estão em todo canto. Eu estou cansada disso, de ver pai de família chorar, mãe de família ter que saber se dá um pão pra um, se ela vai dormir com fome e ir no outro dia atrás, ver mãe de família que nem Carolina de Jesus.

Dalécio - MTST/SP
A sociedade dos meus sonhos é igualitária porque é muito desigual o que a gente vive, principalmente no Brasil. Não é possível que o trabalhador da Volks que constrói o carro, cada um com a sua função lá dentro: um coloca o motor, o outro coloca a porta, o outro coloca o capô, o outro coloca as rodas e depois ele não tem acesso ao carro que ajuda a construir. Aqui do lado da minha casa tinha a Panex, então a pessoa que faz a panela, não tem condições de comprar uma panela boa pra fazer a sua comida. Você trabalha numa empresa que faz computador e não tem acesso ao computador porque não tem dinheiro pra comprar. É a questão da mais-valia, o próprio PLR (Participação nos Lucros), nas fábricas, é a maior vergonha que se tem, não devia nem ter esse nome: "participação nos lucros". Um caminhão que você faz na Mercedes custa o preço do PLR que você divide com os trabalhadores, então não é participação de lucro. Se eu tivesse o poder, a gente ia produzir e ter aquilo que a gente produz. A sociedade que a gente tem que viver é essa. Por exemplo: uma novela que eu assisti, Rei do Gado, que falou muito dos bóias frias, como essas pessoas ajudam a ter terra, a limpar terra pra plantar e ela não poder comer aquilo que ela ajuda a plantar. E pra você ver, eles nem salário tinham, faziam o que faziam

para ter um lugar onde dormir. Se eu tivesse poder, tudo que você produz, você tinha que ter o direito de possuir. Pra mim, cada trabalhador e trabalhadora que produz um carro tinha que ter o acesso ao carro ou ao valor do carro. Outro exemplo: a Brastemp, você tá lá, faz o fogão, faz a máquina de lavar, faz a geladeira, faz o micro-ondas, mas o salário que você ganha nem sempre permite que na casa que você mora tenha aquilo que você ajuda a produzir. O que a gente produz não é dividido com as partes certas. Na sociedade dos meus sonhos seria assim: todo mundo tem direito a tudo. A gente trabalha, mas mora de aluguel, tem alguma coisa errada. Se a gente trabalha, por que a gente não tem uma casa? Por que a gente ainda tem que morar de aluguel? Por isso que tem aquela frase: "enquanto morar for um privilégio, ocupar é um direito".

Joana (Jô) - MTST/SP

Seria uma sociedade igualitária, com sua casa pra morar, seu emprego, melhor estudo, com a melhor saúde, com pessoas que realmente olhassem para o povo, para as pessoas que são menos favorecidas, com um olhar de igualdade, sentadas nas cadeiras que são os Três Poderes. Um país igual pra todo mundo, com direitos iguais pra todo mundo. Se você tem, eu também queria ter. Se você tem direito a uma escola melhor, eu também quero ter esse direito. O país que eu sonho é com esses direitos para todos. Uma saúde boa, um transporte bom, um ensino bem melhor, a gente está vendo que os professores têm sofrido muito, acho que quem está sentado na cadeira da presidência, no governo do estado e das prefeituras tiveram um professor e sabem a importância, acho que eles tentam tirar para que as pessoas não entendam o que está errado, porque se você tem acesso ao conhecimento você começa a entender que as coisas estão erradas, que elas não são dessa forma, então um ensino melhor é muito importante. A partir disso todas as outras coisas começam a melhorar.

Francisco - MTST/SP

Na sociedade dos meus sonhos, o objetivo é dividir tudo. Minha preocupação maior é com a comida. Se os ricos têm, então deveriam dividir com os pobres. Acabar com a ganância de querer ter tudo só pra si mesmo. Pra quê ganância, se a gente vai morrer e vai tudo para o mesmo lugar?

Posfácio

Nos últimos anos o Brasil passou por um processo acelerado de deterioração social, econômica, ambiental, cultural e humana. Nem nos tempos mais sombrios vimos tão fortemente a banalização da vida manifestada publicamente pelos chefes dos Poderes, em especial o que esteve à frente do Executivo até dezembro de 2022. A combinação de altos níveis de desemprego com forte pressão inflacionária se manifestou no aumento da insegurança alimentar e na ampliação das nossas crônicas desigualdades interseccionais. Vivemos um caos! O povo brasileiro sofreu por falta de moradia, comida, emprego e, mais grave, teve roubado o seu direito ao futuro.

Nesse período, o desemprego atingiu, aproximadamente, 14 milhões de pessoas. Se levarmos em consideração um indicador mais fiel à realidade, que é o de subutilização da força de trabalho, o cenário mostra que falta trabalho para mais de 31,7 milhões de pessoas. A situação é mais grave para as mulheres e para a população negra, principal perfil das nossas acampadas e acampados.

Diante deste cenário de desemprego, inflação e fome, o antigo governo federal contribuiu com a ausência de políticas públicas que resultou no agravamento do abismo social que marca a sociedade brasileira. O panorama dos últimos anos, sem dúvidas, foi o pior possível.

Sobre a moradia, o cenário também foi desesperador: entre os anos de 2021 e 2022 nenhum centavo do orçamento federal foi investido em habitação social, isso num país onde o déficit habitacional alcança 18 milhões de pessoas, um dos mais altos do mundo.

Frente a esse cenário, as eleições de 2022 se apresentaram como um momento crucial para o futuro do país. Nesse contexto, as forças populares se viram diante da possibilidade de um aprofundamento da regressão e da opressão social. No entanto, com organização e trabalho intenso, foi possível frear esse processo. A vitória eleitoral do Presidente Lula representou não apenas uma vitória contra o avanço das forças regressivas, mas abriu também a possibilidade de construção de uma sociedade que não fecha os olhos para as violências sistêmicas que marcam parte de nossa história. Contudo, a vitória eleitoral, ainda que fundamental, não é suficiente para a construção da sociedade que queremos. A tentativa frustrada de golpe de Estado ocorrida no dia 08 de janeiro é um exemplo, que não pode ser esquecido ou diminuído, de que a ameaça autoritária não é coisa do passado.

Isso significa que a luta social popular terá, mais uma vez, papel decisivo no novo cenário político que vem se construindo desde janeiro de 2023. Assim, é nosso papel recolocar horizontes e apontar para um futuro de igualdade e de direitos, e a história do MTST nos mostra o caminho. Por isso essa obra que as leitoras têm em mãos é tão necessária. Como disse nosso camarada Guilherme Boulos no recente livro *Sem Medo do Futuro,* livros são armas poderosas, não só para entendermos as realidades que vivemos, mas especialmente para transformá-las.

O MTST é exatamente isso, uma potente fábrica de esperanças e de transformações! Em meio ao caos e do retorno ao mapa da fome, construímos dezenas de Cozinhas Solidárias pelo país; em meio ao fim dos programas sociais habitacionais, construímos grandes ocupações, a campanha Despejo Zero[36] e a ADPF 828[37], que suspendeu todos os despejos e remoções no país durante a pandemia. Construímos com a nossa história, muita ousadia e atuação firme, ampliamos os caminhos de superação dessa profunda crise, mostrando que é possível uma outra forma de viver e socializar nas cidades.

O Movimento tem nos ensinado que é preciso fortalecer a luta pela democracia desde as cidades: nos bairros, nas escolas, nos centros religiosos, cooperativas, associações, organizações da sociedade civil e, também, nas universidades. É preciso disseminar a informação e travar a batalha de ideias, disputando mentes e corações, resgatando a utopia de enxergar os espaços urbanos como lugar do bem viver, do viver comunitário, solidário, onde as cidades sirvam às pessoas e não às coisas e à especulação imobiliária, grande aliada do capital financeiro. Esse é o legado do MTST para esse momento histórico!

A cidade pela qual lutamos é a que todas e todos possam ser socialmente iguais, humanamente diferentes e livres de opressões, explorações e discriminações. Este horizonte de cidades é utópico, mas também realista e necessário, é urgente!

Isso só é possível através da efetivação do controle social sobre os recursos públicos, como preceitua o Estatuto da Ci-

[36] A Campanha Nacional Despejo Zero: Em Defesa da Vida no Campo e na Cidade, criada por movimentos e organizações sociais, foi responsável por auxiliar dezenas de famílias pelo país durante a pandemia de coronavírus. Lançada no mês de junho de 2020, a ação buscava resolver a situação de insegurança pela qual passavam as famílias mais vulneráveis e também as pessoas em situação de rua. Cf. https://www.campanhadespejozero.org/despejozero.

[37] Frente ao estado de calamidade pública deflagrado pela pandemia, a ADPF (Arguição de Descumprimento de Preceito Fundamental) tinha como objetivo garantir os direitos fundamentais à moradia, à saúde e à vida de famílias ameaçadas de despejo.

dade[38]. É preciso denunciar e condenar as práticas criminosas daqueles que fazem da cidade um grande balcão de negócios, expandir e manter a oferta estatal e gratuita de bens e serviços públicos essenciais à efetivação dos direitos sociais e retirar poder dos "centrões" que fazem ponte entre interesses privados e os executivos, manipulando os fundos públicos.

É preciso também repensar a carga tributária que tanto favorece a concentração de riqueza nas mãos de poucos, não há efetivo combate às desigualdades se não fizermos uma profunda reforma no nosso sistema tributário, se não falarmos em programa de geração de renda e trabalho, de aumento do salário mínimo e em programas de distribuição de renda, de combate à fome e à carestia.

É tempo de reconhecer e valorizar os esforços dos que promovem a organização e as lutas sociais, a saída está na permanente mobilização e ocupação das ruas. É imprescindível revalorizar o trabalho cotidiano de quem organiza e promove as lutas localizadas que dizem respeito à realidade concreta da maioria da população. Alguns exemplos desses trabalhos são as Cozinhas Solidárias, as hortas comunitárias, as torcidas organizadas, os quilombos, os movimentos pulsantes do campo e da cidade, que são capazes de dar voz aos invisibilizados pelo Estado e que serão o fio condutor para a construção da superação dessa crise humanitária produzida nos últimos anos.

As periferias são fruto do processo cruel de segregação social na lógica de construção das cidades capitalistas, mas, sem sombra de dúvidas, não são territórios somente de miséria e abandono. Ao contrário, esses espaços têm sido historicamente palco

---

[38] Lei nº 10.257, de 10 de Julho de 2001, que estabelece "normas de ordem pública e interesse social que regulam o uso da propriedade urbana em prol do bem coletivo, da segurança e do bem-estar dos cidadãos, bem como do equilíbrio ambiental".

de formas incríveis de organização e ousadia, um manancial de resistências e de sonhos para outro modelo de sociedade.

O MTST luta e constrói diariamente as reparações históricas que tanto precisamos. Por isso, retomar o fio da história e relatar a riqueza e os sofrimentos que constroem nossa experiência de luta é mais que necessário para a construção do amanhã! Parabéns a todas e todos que fizeram e fazem parte da nossa história e salve a luta dos milhares de trabalhadoras e trabalhadores sem-teto desse Brasil!

Izadora Brito
Ana Paula Perles
Érika Fontana
Natália Szermeta
Amanda Montenegro
Vitória Genuino

Aqui vive um povo que merece mais respeito
Sabe belo é o povo como é belo todo amor
Aqui vive um povo que é mar e que é rio
E seu destino é um dia se juntar [...]
A novidade é que o Brasil não é só litoral
É muito mais é muito mais que qualquer Zona Sul
Tem gente boa espalhada por esse Brasil
Que vai fazer desse lugar um bom país [...]

Milton Nascimento e Fernando Brandt

Todos as pessoas entrevistadas integram as Coordenações Estaduais do MTST:

Andreia Barboza da Silva
Anderson Dalécio Feliciano
Ana Márcia de Melo
Cláudia Rosane Garcez
Clayton Veloso da Silva
Cleik Simone de Souza Silva
Débora Lima
Ediane Maria do Nascimento
Edson Luis
Eliane Silva
Elizângela Jesus da Silva
Elisabete Aparecida Branzela Carvalho
Elza Mendes
Edvane Alarcon
Fernanda Cordeiro
Francisco Dorismar Soares da Silva
Francisco Hermogenes Santos Filho
Gilvânia Reis Gonçalves
Isaura Aparecida Machado Martins
Joana Gama
Joana D'arc Nunes
Jovinda Machado
Juraílde Rodrigues Alves Ferreira
Lilian Lourenço dos Santos
Luciana Silva
Maria Aparecida Moura de Souza
Maria Alves Ferraz de Matos
Maria Clara Correia de Vasconcelos
Maria Creuza da Silva Souza
Maria das Graças Santos
Patrícia Carvalho
Rogério da Cunha
Zenira Casimiro de Oliveira

Impresso por :

Graphium
gráfica e editora

Tel.:11 2769-9056